위로하는
심리학

복잡한 내 마음을 이해하기 위해
알아야 할 마음의 법칙

장근영 지음

Anna Freud
Carl Gustav Jung
Alfred Adler
Aaron Temkin Beck

위로하는 심리학

빅피시
BIG FISH

프롤로그

이유 없이 우울하고 불안하다면
지금 바로 심리학을 읽어야 할 때

'좋은 일도 없지만, 특별히 나쁜 일이 있었던 것도 아닌데 왜 불안하고 우울할까?'
'나는 왜 저 사람이 싫을까? 특별히 나쁜 사람도 아닌데….'
'예민한 성격 때문에 피곤하다. 티 내지 않으려고 하기에 남들은 내가 예민하다는 것조차 모르겠지만….'

혹시 이런 의문들이 머릿속에 맴돌았던 적이 있는가? 혹은 그런 의문이 어렴풋하게 느껴지지만 차마 꺼내지 못하고, 피곤하고 귀찮아서 혹은 대답이 두려워서 피한 적이 있는가?
매일 우리의 마음은 수많은 감정과 생각을 떠올리고 잊어버린다.

대부분은 그냥 지나치고 말지만, 가끔은 삐져나온 실밥처럼 마음속 어딘가에 남아 사라지지 않는다. 내 마음이 흔들리는 건 그 때문일까? 이 모든 것은 내 마음에서 이루어지는 일인데 왜 이리 복잡하고 알기 어려울까?

이 책 《위로하는 심리학》은 심리학이라는 학문으로 이런 질문의 답을 찾아가는 과정이다. 여기서는 복잡한 마음을 이해하기 위한 몇 가지 대표적인 마음의 법칙들을 소개한다. 예를 들어, 나 자신을 보호하기 위해 우리가 은밀하게 사용하는 방어기제가 무엇인지, 하지 않은 일이 오래 후회로 남는 이유는 무엇인지, 여전히 세상을 내 중심으로 바라보고 해석하는 근거는 무엇인지 등 마음이 작동하는 원리를 쉽고 간단하게 설명하고자 했다.

마음의 법칙을 아는 것은 단순히 지식을 얻는 것을 넘어선다. 마치 마음을 읽는 새로운 언어를 배우는 것과 같다. 이 언어를 통해 우리는 오랫동안 풀리지 않던 감정의 매듭을 이해하고, 이유 없는 불안감과 우울감의 근원을 발견하며, 타인과의 관계에서 반복되는 어려움의 패턴을 파악할 수 있다.

인간은 비합리적인 존재다. 그리고 심리학은 인간의 비합리성을 이해하려는 학문이다. 우리는 때때로 합리적이려고 노력할수록 비합리적이 되고, 도덕적이려고 노력할수록 오히려 부도덕해지며, 배려하려는 마음이 누군가에게 불편함을 주고, 남을 도우려다가 상처 입힌다. 노력과 선의만으로 합당한 결과를 얻기 어려운 것이 인간인 것이다.

그러나 심리학을 포함한 모든 과학을 하는 사람들은 언제나 '알면 이해할 수 있고, 이해하면 대응할 수 있다'는 신념으로 공부한다. 그리고 그런 심리학을 통해 내 마음을 이해한다면 그것만으로 많은 문제와 어려움이 해결되는 것을 느끼게 될 것이다.

이 책은 30년쯤 심리학의 눈으로 세상을 바라보던 사람이 스스로 외면하거나 숨겨두었던 자기 내면을 탐험하고, 진정한 '나'를 인정하려는 노력의 흔적이다. 내가 그러했듯, 이 책을 통해 복잡하고 혼란스러웠던 마음속 풍경이 조금은 선명해지길, 그리고 그 안에서 평화와 균형을 찾아가는 길을 발견할 수 있길 바란다.

언제나 그렇듯, 이 책에도 많은 이의 도움이 함께했다. 특히 아내의 세심한 검토 덕분에 사실관계의 오류를 바로잡고 제3자의 관점에서 객관적으로 원고를 정리할 수 있었다. 편집자의 손길은 군더더기 많던 글을 매끄럽게 재탄생시켰다. 소심하고 부족함도 많은 내가 지금까지 '멘탈이 좋다'는 평을 받으며 버틸 수 있었던 것은 자식에게 많은 기대를 하면서도 그 기대를 낮출 줄 아셨던 부모님의 사랑 덕분이다. 감사하고 또 감사하다.

차례

프롤로그 이유 없이 우울하고 불안하다면 지금 바로 심리학을 읽어야 할 때   4

1장. 왜 열심히 사는데 힘들기만 할까?

자이가르니크의 자이가르니크 효과 하지 않은 일이 더 후회되는 이유   15

융의 콤플렉스 나는 왜 저 사람이 싫을까?   23

안나 프로이트의 방어기제 갈등과 불안을 영원히 피할 수 있을까?   32

융의 원형 친절한 척, 밝은 척, 외향적인 척하는 데 지쳤다면   42

프로이트의 무의식 나는 왜 이유 없이 불안할까?   51

2장. 우리는 모두 더 나은 내가 되고 싶다

엘킨드의 자아 중심성 내가 특별한 존재가 아니라는 걸 깨닫는 순간   63

에런 벡의 자동적 사고 생각하는 대로 살지 않으면
                 사는 대로 생각하게 된다   71

스키너의 강화계획 나는 왜 지금 해야 할 일을 또 미룰까?   80

프랭클의 의미 치료 우리는 실패에서도 무언가를 배울 수 있다   90

아들러의 열등감 이론 부족하고 나약하기에   100
               오히려 더 나은 사람이 될 수 있다

3장. 알고 있는 문제는 더 이상 문제가 아니다

레빈의 장 이론 모이기만 하면 다른 사람에 대해 이야기하는 이유   113

프랭클의 역설적 의도 노력할수록 일을 망치는 사람   122

존 볼비의 애착 이론 소심한 성격은 부모 탓일까?   129

페스팅거의 인지 부조화 자기 자신에게조차 솔직하기 어렵다면   141

아시의 동조 실험 외로울 수 있어야 외롭지 않다   150

4장. 나의 '평범함'을 인정할 때 생기는 '특별함'

로저스의 무조건적 존중 왜 세상은 나에게만 야박할까?	161
라타네의 방관자 효과 모두의 책임은 누구의 책임도 아니다	173
짐바르도의 가상 감옥 실험 누구나 유혹에 빠질 수 있다, 아직 기회가 오지 않았을 뿐	182
파블로프의 조건 반사 회사에서의 인간관계가 더 어려운 이유	190

5장. 상처, 약함, 부족함이 가져다주는 기회들

매슬로의 욕구 5단계론 나는 왜 혼자가 편할까?	203
윌리엄 제임스의 정서 이론 우울할수록 움직여야 하는 이유	213
스턴버그의 사랑의 삼각형 순수한 사랑일수록 불완전하다	220
밀그램의 복종 실험 비겁한 것은 부끄럽지만 도움이 된다	229

6장. 스스로 극복한 것만이 온전한 내 것이다

가드너의 다중 지능 '나'를 잘 알수록 성공할 가능성이 높다   239

콜버그의 도덕성 이론 도덕성은 지능이다   248

타지펠의 내집단 편파 차별이라는 본성   258

에크만의 기본 정서 슬픔, 분노, 외로움…   265
이런 감정, 안 느낄 순 없을까?

1장

Anna Freud
Carl Gustav Jung
Alfred Adler
Aaron Temkin Beck

왜
열심히 사는데
힘들기만 할까?

자이가르니크의 자이가르니크 효과

하지 않은 일이
더 후회되는 이유

할지 말지 고민이라면 일단 저지르고 후회하라는 말을 많이 듣는다. 외국어 공부를 하거나, 해외여행을 가는 것에 대해서라면 그 말이 맞다. 하지만 좀 더 심각한 문제도 그럴까? 예를 들어, 잘돼도 못돼도 부담스러운 사내 연애 같은 것은 어떨까. 이런 경우에도 일단 저지르고 후회하는 게 나을까?

어떤 일을 할지 말지 주저하는 이유는 뭘까? 만약 정말 잘될 가능성이 높은 일이라면 아무도 고민하지 않는다. 잘될 가능성이 낮아도 실패의 대가가 크지 않으면 역시 한 번쯤 시도해볼 것이다. 그러나 좋은 결과를 얻을 가능성이 낮은데, 실패했을 때 치러야 할 대가가 크다면 누구나 갈등하기 마련이다.

그때는 어떤 선택이 나을지 아무도 모른다. 하지만 심리학자들은 이때 일단 저질러보는 쪽을 추천한다. 하지 않은 일에 대한 후회는 오래도록 남아서 당신을 내내 괴롭힐 것이기 때문이다.

해결되지 않은 문제는 해소되지 않는다

하지 않은 일에 대한 후회가 더 오래 남는 이유는 무엇일까? 바로 그 일이 완성되지 않은 사건이기 때문이다. 이루어지지 않은 사랑이 잊히지 않는 현상, 즉 마치지 못하거나 완성하지 못한 일을 쉽게 마음에서 지우지 못하는 현상을 심리학에서는 '자이가르니크 효과'라고 부른다.

베를린 대학 심리학과 대학원생이던 자이가르니크는 학교 근처 카페에서 소그룹 세미나를 하곤 했다. 세미나는 한번 시작하면 보통 몇 시간씩 계속됐고, 그동안 그들은 커피를 리필하고 조각 케이크도 틈틈이 시켜 먹었다. 그런데 그들을 담당한 웨이터가 종이에 아무 기록을 하지 않고도 이들이 주문한 커피와 케이크의 숫자를 명확하게 기억했다.

자이가르니크는 이 웨이터의 놀라운 기억력이 손님들이 계산하기 전까지만 유지된다는 사실을 발견했다. 일단 손님들이 커피와 케이크 값을 지불하고 나면, 웨이터는 그 손님들이 뭘 주문했었는지 심지어 이미 지불했는지 여부도 기억하지 못했다.

한번은 자이가르니크의 팀이 커피값을 이미 지불한 뒤 깜빡 잊고서 다시 웨이터를 불러서 계산해달라고 요청했다. 그러자 이 웨이터는 당황하면서 이들의 주문 내역을 전혀 기억해내지 못했다.

자이가르니크는 이 현상의 원인을 심리적인 긴장으로 설명했다. 커피 값 계산을 끝내지 않은 학생들이 아직 카페에 앉아 있는 한, 웨이터의 머릿속에는 손님이 신경 써야 할 중요한 요소로 남아 있다. 하지만 손님들이 계산을 끝내고 나면 이들은 더 이상 중요한 존재가 아니게 되므로 긴장감이 해소되고 기억도 덩달아 사라진다는 것이다.

왜 첫사랑은 잊히지 않을까?

우리의 뇌는 모든 절차가 완료된 사건은 쉽게 잊지만, 중단된 사건은 잘 잊지 못한다. 직장에서 어떤 일을 하다가 말고 집에 오면 머릿속에서 일이 떠오르는 경험이 있지 않은가? 그것은 당신이 일벌레여서가 아니다. 그 일을 완료하지 않았기 때문에 생기는 자연스러운 현상이다. 스마트폰을 열었는데 미확인 메시지가 있거나 받지 않은 전화 알림이 있다면 무시하기 어렵다. 알림이 머릿속에 남아서 찜찜하기 때문이다.

짝사랑이 오래 기억되는 이유도 자이가르니크 효과로 설명된다. 짝사랑은 대부분 자신의 감정을 상대에게 표현하지 못한 채 혼자서만 간직한, 그래서 온전한 사랑으로 완성되지 못한 경험이다.

꿈의 기억도 마찬가지다. 우리가 기억하는 꿈은 꾸던 도중에 깨어난 꿈이다. 우리는 매일 꿈을 꾸지만 대부분은 전부 기억에서 사라진다. 왜냐하면 시작부터 끝까지 완결된 꿈이기 때문이다. 하지만 꾸던 도중에 깨어난 꿈은 사라지지 않고 기억에 남는다.

누군가에게 느낀 고마움을 잊지 못하는 경우도 있다. 감사를 충분히 표했다면 그 기억은 완결돼 지나간다. 그러나 그러지 못했다면 빚진 기분이 계속 남는다. 상대방으로부터 받은 것을 제대로 갚은 경우에는 그에 대한 기억으로부터 자유롭지만, 받은 만큼 돌려주지 못하면 그 사건을 잊기 어렵다.

만약 지금 당신이 직장 동료와 사내 연애를 시작할지 고민 중이라고 가정해보자. 그러다 헤어지면 동료와는 어색해질 것이고, 우정마저도 잃을 것이다. 게다가 직장 내 소문과 평판 또한 어찌 될지 가

늠도 되지 않는다. 실제 그런 상황이 온다면 사귀기로 결정한 순간을 후회하게 될지 모른다.

그러나 그 후회는 의외로 오래가지 않는다. 인간은 의외로 적응력이 강하다. 어떤 사태가 벌어지고 나면 우리는 결국 그 상황에 익숙해진다. 다른 사람들은 어차피 남의 일에 크게 관심이 없다. 그들은 오래지 않아 당신의 이야기를 잊을 것이다. 당신이 새로운 사고를 치지 않는다면 말이다.

반면 고민하다가 연애를 하지 않기로 결정했다고 가정해보자. 이제 당신은 자이가르니크 효과의 함정에 빠졌다. 왜냐하면 당신은 마음속에서 이미 연애를 시작했기 때문이다. 당신은 사귀기 전부터 이미 사내 연애를 할 때 발생할 온갖 경우의 시나리오와 가능성을 계산했다. 이제 남은 것은 실천뿐이다. 그런데 마지막 결정 앞에서 행동을 멈춘 것이다.

그렇다고 당장 후회할 일은 없다. 그러나 '만약 그냥 사귀었다면 어땠을까?' 하는 질문은 영원히 남는다. 이 질문은 처음에는 대수롭지 않을지 모른다. 그러나 시간이 지날수록, 더 이상 선택의 기회가 없음이 확실해질수록 질문의 무게가 커진다. 특히 당신을 괴롭히는 것은, 그 결과가 아주 좋았을지 모른다는 생각이다. 그렇다면 당신은 생애 최고의 사랑을 할 기회를 스스로 걷어찬 겁쟁이가 되고 만다. 그 후회는 남은 평생 계속 떠오를 것이다.

과거도, 미래도 아닌
현재를 살아야 하는 이유

후회가 나쁜 이유는 과거에 얽매이게 만들기 때문이다. 심리학자들은 마음이 건강한 사람들의 공통점을 '지금 여기(Here and Now)'에 집중하는 것이라 말한다. 지금이 아닌 미래에 더 신경을 쓴다면 아직 벌어지지 않은 일을 상상하며 걱정하는 경우가 대부분이다. 즉, 미래에 대한 불안감에 사로잡혀 현재 삶에 집중하지 못하는 것이다. 반대로 과거에 신경 쓴다면 대개는 이루지 못한 미결 과제에 집착하고 있다는 뜻이다.

지나간 과거는 돌이킬 수 없다. 그저 과거에 저지른 잘못을 다시 저지르지 않기 위해 노력할 수 있을 뿐이다. 마찬가지로 미래에 닥쳐올 나쁜 일을 막는 방법은 지금 여기에 집중해서 할 수 있는 최선을 다하는 것뿐이다. 그런데 미결 과제가 일으키는 후회는 시도 때도 없이 지금 여기에 집중하는 것을 방해한다. 따라서 가능한 미결 과제를 남기지 않는 것이 정신 건강에 좋다.

그렇다고 무슨 일이든 떠오르는 대로 저지르라는 뜻은 아니다. 애초에 어려울 것 같은 일은 더 깊이 고민하기 전에 빨리 포기하는 게 낫다. 나무를 계속 쳐다보며 이리저리 재 보는 시간이 길어질수록 당신의 마음속엔 '나무를 오른다'는 미결 과제가 만들어질 테니까. 그러니까 오르지 못할 나무는 쳐다보지도 말고 실현 가능한 목표에 집중하는 것이 현명하다.

그러나 포기하려고 해도 계속 머릿속에 떠오르는 일이라면 어쩔 수 없이 시도하는 게 낫다. 그 시도는 성공을 위한 것이 아니다. 나중에 평생 후회하지 않기 위해서, 마음속에서 이미 자라난 미결 과제를 종결짓기 위해 하는 시도다. 그리고 과제를 온전히 완결하려면 할 수 있는 모든 노력을 쏟아야 한다. '조금만 더 잘했더라면 성공할 수 있었을 텐데'라는 생각이 남을 여지조차 없애야 하기 때문이다.

최선을 다한 노력은 성공하지 못하더라도 실패가 아니다. 자신과 세상 그리고 그 목표에 대해 좀 더 잘 알게 되는 기회다. 그리고 평생 후회할 거리를 없앨 유일한 방법이기도 하다.

포기하려고 해도 계속 머릿속에 떠오르는 일이라면
어쩔 수 없이 시도하는 게 낫다.
그 시도는 성공을 위한 것이 아니다.
나중에 평생 후회하지 않기 위해서,
마음속에서 이미 자라난 미결 과제를
종결짓기 위해 하는 시도다.
그리고 과제를 온전히 완결하려면 할 수 있는
모든 노력을 쏟아야 한다.
'조금만 더 잘했더라면 성공할 수 있었을 텐데'라는
생각이 남을 여지조차 없애야 하기 때문이다.

융의 콤플렉스

나는 왜
저 사람이 싫을까?

같은 부서의 신입 팀원 A는 자기 일에 만족하며 즐겁게 회사를 다닌다. 그런데 나는 어쩐지 A가 거슬린다. 그가 자주 지각하기 때문이다. 그렇다고 A가 아주 늦는 것은 아니다. 일주일에 한두 번 정도 나보다 5분, 10분씩 늦게 출근할 뿐이다. 지각으로 업무에 지장이 생긴 적도 없다. 그런데도 나에겐 그 짧은 지각이 불성실의 증거로 보인다. 그래서 A에게 종종 험한 소리를 하고, 트집을 잡기도 했다. 그러던 어느 날, 친한 동료 B가 A에 관한 수다를 떨다 나에게 말했다. "A를 보면, 신입 시절 너를 보는 것 같지 않나?"

괜히 눈에 거슬리는 사람이 있다. 특별히 나에게 피해를 주거나 주변에 나쁜 짓을 한 것도 아닌데 뭔가 거슬리고, 그 사람의 흔적이 보이면 마음이 불편해진다. 도대체 왜 그럴까? 내 심성이 삐뚤어진 걸까?

칼 구스타프 융이 창시한 분석심리학에서 이런 질문은 아주 익숙한 것이다. 분석심리학자들은 이런 경우를 '콤플렉스'라는 개념으로 설명한다. 사람들이 흔히 생각하는 콤플렉스란, 부러움이나 질투가 뒤섞인 감정이라고 할 수 있다. 이 관점에서 당신이 A를 싫어하는 이유를 설명하자면, 나태한 태도로 주변에 민폐를 끼쳤던 과거의 자신과 달리 A는 여유 있게 일하면서도 사람들과 잘 지내고 있기에 질투한다는 것이다.

그런데 융이 말하는 콤플렉스는 그것보다도 더 크고 복잡한 의미를 가진다. 그가 보기에 콤플렉스는 무의식 속 진실을 엿볼 수 있는 열쇠였다.

알 수 없는 이유로
누군가 거슬린다면

융은 인간의 무의식을 인류의 역사가 담긴 창고라고 봤다. 그에게 무의식이란 선조 때부터 축적된 암호들이 점철된 곳으로, 고대부터 현재까지 인간이 매혹되거나 기피해온 것들에는 어떤 심리적 의미가 담겨 있을 거라고 봤다. 다시 말해, 우리 무의식 속에는 개인의 경험을 넘어 선조로부터 물려받은 근원적인 성향이 담겨 있다고 본 것이다. 이를 '집단 무의식'이라고 불렀다.

집단 무의식은 인류가 진화하면서 공통적으로 경험한 진화의 역사를 담고 있다. 예를 들어, 대홍수에 대한 기록이나 불과 바람에 대한 숭배, 뱀에 대한 적대감 같은 것들이 모두 집단 무의식의 일부라는 것이다.

그런데 집단 무의식에는 인류 전체를 아우르는 것만 있지는 않다. 우리 선조들이 서로 다른 삶을 살아왔듯, 무의식이 집단이나 개인에 따라 서로 다른 메시지를 전달할 수도 있다. 어떤 사람에게는 발견하는 삶을 요구하고, 다른 사람에게는 부족을 위해 싸우는 삶을 요구하며, 누군가에게는 무엇을 만드는 삶이나 양육, 보살핌의 삶을 요구할 수도 있다. 즉, 집단 무의식 속에는 우리 각자가 살아가야 할 길인 운명이 담겨 있다.

이런 관점에서 보면 콤플렉스는 운명적 거슬림이다. 뭔가 내 마음 깊은 곳에서부터 거부하거나 기피하는 것들이 있는데, 그게 내 존재의 근원으로부터 오는 메시지라는 것이다. 융은 "다른 사람들에게서 거슬리는 모든 것들은 자기 자신에 대한 이해로 이어질 수 있다"라고 말했다. 분석심리학의 이런 원칙을 위의 사례에 적용해

보자.

당신은 A를 보면서 내 인생이 뭔가 잘못됐다는 것을 깨달았다. 돌아보니 자신이 자주 지각한 것은 불성실해서라기보다 안 맞는 회사를 억지로 다니다 보니 보람을 찾지 못해서라는 생각이 들었다. 그래서 회사 생활에 별다른 만족을 느끼지 못하고 퇴근 시간만 기다리며 하루를 보내는데, 같은 회사를 즐겁게 다니는 후배를 보니 괜스레 언짢은 마음이 든 것이다.

당신이 진작 자신에게 더 잘 맞는 직장을 찾았더라면 A를 미워할 일도 없지 않았을까? 애초에 설 자리를 잘못 골라놓고 그 불만을 애꿎은 후배한테 쏟아낸 것은 아닐까? 이 경우 콤플렉스는, 내가 가야 할 길을 제대로 가고 있는지 돌아보게 해주는 탐지기라고 할 수 있다.

콤플렉스가 없다는 사람이
바로 콤플렉스 덩어리다

내게 숨은 콤플렉스를 어떻게 찾아낼 수 있을까? 여러 가지 방법이 있다. 가장 기본은 자기 내면의 느낌에 귀를 기울이는 것이다. 내게 거슬리는 것, 편안하게 여기는 것이 무엇인지는 오직 나만이 알 수 있다. 혹시 꿈에 자주 나타나는 상징들이 있다면 거기에 해답이 있을 수 있다. 자신이 가장 좋아하거나 혹은 피하고 싶은 영화나 캐릭터를 파고들다 보면 답을 찾을 수도 있다.

분석심리학에서는 '단어 연상' 기법을 쓰기도 한다. 사람들에게 미리 준비된 여러 가지 단어를 불러주고, 그 단어를 들으면 연상되는 다른 단어를 대답하게 하는 방법이다.

융은 사람마다 다른 단어들에 비해 연상 반응이 아주 느리거나, 들었을 때 호흡이 가빠지거나, 연상되는 다른 단어가 없다고 답하게 만드는 단어들이 있다는 사실을 발견했다.

융에 따르면 콤플렉스는 어떤 사람의 무의식에 잠재된 심리적 매듭이다. 매듭을 건드리면 그 매듭에 엮인 나머지 전체 끈들이 같이 움직이듯, 콤플렉스에 해당하는 이미지나 단어를 던지면 그 사람은 자기도 모르는 사이에 감정적으로 움찔하는 반응을 하게 된다. 그래서 융의 콤플렉스 탐지기는 현대에 와서 거짓말 탐지기의 원형이 됐다.

콤플렉스는 특별히 심성이 뒤틀리거나 열등감에 시달리는 인간만의 문제가 아니다. 신이 아닌 이상, 우리 모두는 원하는 것을 다 하거나 원치 않는 것을 전부 기피하며 살 수 없다. 마땅히 해야 할 일을 하지 못할 때 혹은 하지 말아야 할 것을 하고 있을 때 무의식 속 콤플렉스의 스위치가 켜진다. 그러니 콤플렉스가 없다고 주장하는

콤플렉스는 특별히 심성이 뒤틀리거나
열등감에 시달리는 인간만의 문제가 아니다.
신이 아닌 이상,
우리 모두는 원하는 것을 다 하거나
원치 않는 것을 전부 기피하며 살 수 없다.
마땅히 해야 할 일을 하지 못할 때
혹은 하지 말아야 할 것을 하고 있을 때
무의식 속 콤플렉스의 스위치가 켜진다.
그러니 콤플렉스가 없다고 주장하는 사람이야말로
진정한 콤플렉스 덩어리일 것이다.

사람이야말로 진정한 콤플렉스 덩어리일 것이다.

  콤플렉스에서 벗어나려고 노력할 필요도 없다. 콤플렉스는 바로 나를 나답게 만드는 특성이기 때문이다. 벗어나려 하기보다 자기가 무슨 콤플렉스를 가지고 있는지 직시하는 것이 더 유용하다. 누군가 말했듯, 스스로 알고 있는 약점은 더 이상 약점이 아니다. 물론 쉬운 과정은 아니다. 융이 말했듯 "자기 자신을 온전히 인정하는 일이야말로 가장 두려운 작업"이기 때문이다.

내가 나아가야 할 길을
알고 싶다면

스위스에서 태어난 융은 어린 시절 매우 소심하고 내성적인 소년이었다. 친구가 별로 없이 혼자 놀기를 좋아했으며, 혼자 상상한 것들을 자기가 고안한 암호문에 적어서 학교 안 비밀 장소에 숨겨두는 괴짜였다.

  융은 애초에 고고학을 공부하고 싶어 했다. 그러나 고고학을 가르치는 대학까지 유학을 갈 만한 경제적인 여유가 없었기에 고고학 대신 의학을 공부했고, 의대를 나와 정신의학자로 일하다 프로이트를 만났다. 이후 프로이트의 신임을 각별하게 받으며 '프로이트의 황태자'라고까지 불렸지만, 그는 무의식에 대해서는 프로이트와 의견을 달리했다.

콤플렉스에 대한 태도를 보면 융의 분석심리학과 프로이트의 정신분석학은 무의식을 전혀 다르게 인식하고 있다는 걸 알 수 있다. 두 사람은 마음속에 나도 모르는 또 다른 내가 있다는 사실에는 동의했다. 그러나 그 무의식의 속성은 전혀 다르다.

프로이트의 정신분석학에서 무의식은 '거짓말쟁이'다. 무의식은 내가 알아야 할 진실을 저 깊은 곳에 숨겨두고, 겉으로는 세상이 인정하고 자신이 안심할 수 있는 것들만 보여준다. 자신이 깨닫지 못하는 사이에 나를 배후 조종하는 세력이 바로 무의식인 것이다. 이 사실을 깨닫지 못하는 한 우리는 모두 위선자로 병든 채 살 수밖에 없다.

반면 융이 보는 무의식, 특히 집단 무의식은 나를 속이는 존재가 아니다. 무의식은 꿈에 나타나 로또 당첨번호를 알려주는 조상님처럼, 진심으로 내가 바로 살아가기를 바라면서 내가 가야 할 길에 대해 열심히 힌트를 주는 고마운 존재다. 단지 그 조상님의 메시지가 낯선 언어로 돼 있기에 알아듣기 어려울 뿐이다. 융은 그 메시지를 제대로 깨닫는 순간이 내 운명을 알게 되는 순간이라고 보았다. 즉, 무의식은 당신의 운명에 대한 계시가 숨겨진 고대 유적 같은 곳이다.

이 집단 무의식이라는 개념은, 암호를 좋아하고 고고학을 공부하고 싶어 했던 융의 성향이 정신분석 이론과 만나서 태어난 기발한 아이디어라고 할 수 있다. 즉, 융은 인간의 마음을 대상으로 고고학 암호 연구를 한 셈이다.

주어진 운명을 깨닫지 못하고 운명과 다른 길로 갈수록 내 삶은 힘들고 공허해진다. 반면에 운명을 알고 받아들이면 진정 나다운 삶을 살게 된다. 그런 삶이 남들 보기에는 이상하거나 불행해 보일 수도 있다. 그러나 당사자는 충만하고 후회 없이 살았다고 느끼게 된다.

그러니까 혹시 당신이 누군가를 이유 없이 싫어한다면 그 사람을 보며 당신 마음속의 어떤 매듭이 불편해지는지 돌아볼 필요가 있다. 그 덕분에 당신의 운명을 찾게 될지도 모르는 일이니 말이다.

안나 프로이트의 방어기제

갈등과 불안을
영원히 피할 수 있을까?

어릴 적, 나는 실수할 때마다 변명거리를 찾곤 했다. '시간이 없어서', '다른 일이 생겨서'라는 말을 입에 달고 살았다. 어른이 돼서도 변명은 계속됐다. 하기 싫은 일을 맡아 놓고서는 쓸데없이 미적대다가 일을 망친다. 애초에 하기 싫었다고 인정하면 됐는데…. 왜 나는 나 자신에게까지 솔직하지 못할까?

현실은 종종 우리를 아프게 한다. 힘들고, 어려운 상황이 생기면 일단 피하고 싶고, 부정하고 싶은 마음부터 든다. 정신분석 이론에 따르면, 현실 부정을 해야 하는 무의식적 이유도 있다. 바로 무의식 속의 심판자 역할을 하는 '초자아(Superego)' 때문이다.

초자아는 도덕적으로 잘못된 모든 욕망이나 감정을 처벌하려 든다. 상상과 실제를 구별하지도 않는다. 나쁜 생각만 해도 죄책감이 드는 이유가 그 때문이다. 초자아의 처벌이 계속되면 '나는 죽어 마땅해' 같은 자기 혐오까지 찾아온다. 존재를 위협하는 것이다.

그래서 '자아(Ego)'는 방어기제를 만들어낸다. 방어기제의 핵심은 '자신을 속이는 것'이다. 진짜 욕망을 숨기고, 진짜 저지른 행동을 뒤바꾸고, 진짜 내 앞에 닥친 현실을 감추는 대신 가짜를 내세운다. 잘못에 대한 변명거리를 만들어 마음을 보호하는 수단이 바로 방어기제인 것이다.

방어기제가 자신을 보호하기 위한 수단이라는 점은 매우 중요하다. 그 때문에 방어기제를 쓰는 사람은 자기가 방어기제를 사용하는 줄 모르며, 방어기제가 내놓은 변명을 진심으로 사실이라 믿는다.

누구나 자기 자신에게
거짓말을 한다

방어기제를 사용하지 않는 사람은 없다. 정신이 건강하고 정직한 사람도 방어기제를 사용한다. 다시 말해, 누구나 자기 자신에게 거짓말을 한다. 그런데 그 거짓말에는, 아주 한심하고 병적인 수준에서부터 유용하고 생산적인 수준까지의 단계가 있다. 간단히 살펴보자.

1단계
정신병적 방어기제

내면의 불안을 피하기 위해 너무나도 명백한 사실을 뻔뻔하게 부정하거나 왜곡하는 방어기제다. 거짓말로 따지자면 자기 자신만 속일 뿐 남들 보기에는 어처구니없는, 아주 유치한 거짓말이다. 5살 이하의 아이에게나 어울리는 방어기제이지만, 가끔 정신력이 약한 사람들이 사용하기도 한다.

    예를 들어, 연애가 완전히 끝난 다음에도 아무 일 없던 것처럼 상대에게 문자를 보내거나 시험에 탈락했음에도 '합격했는데 착오로 합격 증서가 오지 않았을 뿐'이라고 진심으로 말하는 경우다. 이는 고통스러운 현실을 아예 없다고 생각해 버리는 '정신병적 부정'이다. 머리만 모래 속에 집어넣고 안전하다 믿는 타조와 같은 상태라 할 수 있다.

2단계
미성숙한 방어기제

여전히 자기 자신만을 속이는 거짓말이지만, 조금은 은밀한 거짓말이다. 남들에게는 비밀로 하는 자기만의 변명이다. 직장 상사가 시킨 일을 거부하고 싶지만, 대놓고 거부하기는 두려우니까 시키는 대로 하는 척하면서 마감을 미루거나 결정적인 실수를 하는 식의 '수동공격'이 대표적이다.

그러면 겉으로는 상사의 지시를 따랐지만 실제로는 상사의 지시를 거부한 결과를 얻음으로써, 자기 욕구를 은밀하게 충족한다. 수동공격을 하는 사람들은 자신으로 인해 나쁜 일이 벌어진 다음, 일부러 그런 게 아니라 어쩔 수 없는 상황이었다는 식으로 변명한다. 즉, 적극적으로 공격하지 않으면서 공격 효과만 얻는 것이다.

마찬가지로 어떤 사람을 정당하지 않은 이유로 미워하자니 초자아의 처벌이 두려워, 그 사람이 나를 미워해서 어쩔 수 없이 그에 대응할 뿐이라는 식으로 정당화하는 '투사'도 있다. 이는 자신의 용납할 수 없는 감정을 상대방 탓으로 돌림으로써 자기감정은 숨기는 것이다.

이 수준의 방어기제는 한두 번 정도 책임을 모면하고 문제를 회피하게 해준다. 그러나 계속 쓰다 보면 결국 주변 사람들에게 들통

나고 비난받게 된다. 그래서 어른이 되어서까지 이 수준의 방어기제를 사용하는 사람은 많지 않다.

3단계
신경증적 방어기제

신경증적 방어기제는 대놓고 사용해도 사회적으로 어느 정도 용인되는 방어기제다. 이 수준의 방어기제를 사용하는 사람들은 꽤 많다. 오히려 그 때문에 자기가 방어기제를 지나치게 사용한다는 걸 깨닫기 어렵고, 더 오래 사용하게 된다. 그러나 이 방어기제도 너무 오래 사용하면 결과가 좋지 않다.

예를 들어, '전위'라는 방어기제는 위험한 대상에게 느낀 감정이나 행동을 좀 더 만만한 대상에게 쏟아내는 것이다. 이 방어기제를 쓰는 사람이 얼마나 많은지 '강약약강(강자에게는 약하고 약자 앞에서 강해지는 태도)'이라는 말까지 생길 정도다. 그런데 회사에서 이런 방식으로 생활하면 직장생활은 유지되겠지만, 결과적으로 비겁한 인성을 키우게 된다.

연애에 번번이 실패하는 사람이 우리나라의 성 불평등을 분석하고 비판하는 식의 방어기제인 '주지화'도 마찬가지다. 이렇게 하면 내가 혼자라는 사실을 외면하지는 않으면서 그 사실이 주는 감정적인 고통, 즉 외로움이나 좌절감은 피할 수 있다. 그러나 이 방어기제에만 의존하면 연애를 시도하지 않으니 외로운 인생이 바뀔 기회도 함께 피하게 된다.

4단계
성숙한 방어기제

이 수준의 방어기제는 무의식적 욕구를 세상에 도움이 되는 방식으로 표출한다. 그래서 방어기제처럼 보이지 않을 정도로 건전하고 생산적이다. 그렇지만 이 역시 '나를 위한 변명'이라는 방어기제의 본질적 성격은 동일하다.

　이 방어기제에 의존하면 좋은 사람, 믿음직한 사람, 위대하고 훌륭한 사람으로 평가받을 수 있다. 그만큼 매우 바람직한 방어기제이지만, 의외로 이 방어기제를 사용하는 사람은 많지 않다. 쉽지 않기 때문이다.

　예를 들어, 이타심에 관해 생각해보자. 자신이 아닌 남을 위하는 마음이 어떻게 방어기제가 될 수 있을까? 우리가 받는 스트레스는 대부분 자기 욕구를 충족시키지 못한 좌절감 때문에 생긴다. 그런데 자기 욕구 충족을 포기하고 반대로 남을 위해서 움직이면 내적, 외적 갈등이나 스트레스로부터 자유로워지고 만족감이나 성취감을 경험할 기회도 늘어나는 것이다.

이타적 욕구는 아무리 탐욕을 부려도 욕을 먹기는커녕 칭송받는다. 남을 돕기 위해 욕심을 부린다는데 누가 뭐라고 할 것인가? 칭찬을 받으니 자존감도 높아지고, 당신의 선의에 감동받은 사람들이 동참하며 사회적 영향력까지 생긴다. 결국 자신도 성공하고 사회에도 도움이 되니 얼마나 좋은 일인가! 그럼에도 힘들기 때문에 이 방어기제를 선택하는 사람은 많지 않다.

유머도 방어기제다. 유머의 본질은 불쾌하거나 불안한 생각이나 감정을 숨기기보다 적절한 순간에 적절한 방식으로 대놓고 웃음거리로 던지는 것이다. 거부하고 무시하려 할 때는 꺼림칙할 만한 갈등도 적극적으로 노출하면, 우스꽝스럽고 편안하게 느껴지므로 좋은 방어기제가 된다. 그러나 적절한 순간에 적절한 농담을 던지려면 감각과 기술이 필요하다. 웃자고 던진 말이 분위기를 싸하게 만들거나 심지어 조롱으로 받아들여질 수도 있다. 그래서 이 또한 쉽지 않은 방어기제다.

언제나 좋은 것은 힘들다. 이 원칙은 방어기제를 사용할 때도 마찬가지다.

영원히 피할 수 있는 문제는 없다

방어기제는 누구에게나 필요하고, 누구나 사용한다. 사소한 잘못도 치명적 결함으로 간주하는 가혹한 경쟁 사회에서, 부족함이나 잘못을 그대로 인정하는 것은 그저 내적 불안으로 끝나지 않고 실제적인 위협이 될 수도 있다. 그래서 어느 정도의 방어기제는 필요하다.

문제는 방어기제의 수준이다. 수준 낮은 방어기제는 피해야 한다. 원래 죄책감은 우리를 인간답게 만들어주는 특성인데, 죄책감을 피하기 위해 수준 낮은 방어기제를 사용하다 보면 어떤 경우에는 오히려 죄책감이 없는 것보다 더 나쁜 행동을 할 수도 있기 때문이다. '너는 항상 옳다', '너는 잘못이 없다'고 변명해 주는 방어기제 속에만 숨으려고 하면 상처와 고통은 피할 수 있다. 그러나 고통을 막으면, 성장도 멈춘다.

반면 어느 정도 현실과 고통을 받아들이면서 문제를 해결하는 방향으로 에너지를 사용하는 방어기제는 나를 성장하게 만든다. 결국 중요한 것은 균형이다. 단단한 껍질로 자기를 보호하는 게도 성장하기 위해 껍질을 벗어야 하는 순간을 만난다. 우리도 성장하기 위해 가끔은 방어기제를 내려놓아야 한다. 그러기 위해서는 먼저 내가 지금 무슨 방어기제를 사용하고 있는지를 돌이켜볼 필요가 있다.

방어기제는 누구에게나 필요하고,
누구나 사용한다.
사소한 잘못도 치명적인 결함으로 간주하는
이 가혹한 경쟁 사회에서,
나의 부족함이나 잘못을 그대로 인정하는 것은
그저 내적 불안으로 끝나지 않고
실제적인 위협이 될 수도 있다.
그래서 어느 정도의 방어기제는 필요하다.
문제는 방어기제의 수준이다.
'너는 항상 옳다', '너는 잘못이 없다'고
변명해 주는 방어기제 속에만 숨으려고 하면
상처와 고통은 피할 수 있다. 그러나
고통을 막으면, 성장도 멈춘다.

갈등과 불안을
성공적으로 다룬 결과

방어기제 이론을 정교화한 사람은 정신분석학의 창시자 지그문트 프로이트의 딸 안나 프로이트다. 그녀는 어릴 때부터 갈등과 불안을 경험하며 자라났다. 안나의 언니인 소피 프로이트는 프로이트 집안의 아이 중에서 가장 예뻤다. 그 때문에 안나는 늘 아버지의 사랑을 두고 언니와 경쟁해야 했다. '아버지의 사랑에 대한 경쟁'이라는 경험은 이후 그녀가 '오이디푸스 콤플렉스'의 여성형 버전인 '엘렉트라 콤플렉스'를 창안하는 데도 영향을 미쳤을 것이다.

여러 이유로 그녀의 마음속은 늘 복잡했고, 사춘기 때는 우울증에 섭식장애까지 겪어야 했다. 하지만 그녀는 꿋꿋이 공부에 집중했고, 마침내 학계에서는 프로이트의 자녀 중에서 유일한 학문적 후계자로 인정받았다. 그뿐 아니라 나치의 유대인 탄압을 피해 온 가족을 오스트리아에서 영국 런던으로 도피시키는 일을 주도적으로 맡을 정도로 집안에서 가장으로서 인정받기에 이른다. 그녀의 삶 자체가 갈등과 불안을 성공적으로 제어한 차원 높은 방어기제의 표본인 셈이다.

융의 원형

친절한 척, 밝은 척, 외향적인 척하는 데 지쳤다면

가끔 '나는 왜 이렇게 살고 있지?' 하는 의문이 떠오른다. 문제는 이 질문에 스스로 답을 찾기가 쉽지 않다는 것이다. '내가 지금 아무 의미도, 가치도 없이 삶을 낭비하고 있는 것은 아닐까?', '도대체 뭐가 잘못된 것일까?', '존재론적 불안이 이런 것일까?' 같은 질문만 꼬리에 꼬리를 문다.

융의 분석심리학에서 이런 불안감은 전형적인 신경증 증상이다. 융이 보기에 신경증이란 자신의 운명을 거스르며 살아가는 사람들이 필연적으로 겪는 질병이었다. 그래서 그는 "우리가 진정으로 치유되기 위해서는 자기 자신이 돼야 한다"라고 말했다.

문제는 그러기가 결코 쉽지 않다는 점이다. 바로 인간 존재 자체의 본성인 페르소나 때문이다.

가면에 숨겨진
진짜 내 모습

분석심리학에서는 인간의 원초적인 성향들을 '원형'이라고 부른다. 페르소나는 그 원형 중 하나다. 페르소나란, 원래 그리스 시대 디오니소스 축제 무대에서 신의 역할을 맡은 배우들이 얼굴에 뒤집어쓰던 가면을 이르던 말로, '상황에 맞춰 내 모습을 바꾸려는 경향'을 말한다.

이 '가면'이라는 뜻 때문에 흔히 페르소나를 '진짜 나를 숨기는 위장'이라고 생각한다. 진상 고객 앞에서 영업 사원이 부글부글 끓어오르는 감정을 억누르고 친절하게 응대하는 경우라면 맞는 말이다. 하지만 페르소나는 그렇게 좁은 의미가 아니다.

당신이 어떤 역할을 하고 있다면 이미 당신은 그 역할에 해당하는 페르소나를 사용하고 있다. 예를 들어, 당신이 교사라는 역할을 하려면 본래의 나보다 더 관대해지고 이해심이 깊고 엄격해져야 한다. 무책임하고 자유분방한 내 본모습은 교사 역할을 하는 동안 억눌러야 한다. 물론 학생들 역시 선생님 앞에서는 본래의 자신과 다른 모습을 보여야 한다. 교실뿐만 아니라 우리가 아는 모든 사회적인 활동은 모든 참여자가 페르소나를 사용해야 유지된다.

단지 사회생활에만 페르소나가 필요한 것은 아니다. 혼자서 음악이나 영화를 감상할 때도 우리는 본래 내 모습의 어떤 면은 키우고, 다른 면은 줄인다. 아무리 폐쇄적인 사람이라고 할지라도 자신이 즐기는 것 앞에서는 개방적이 된다. 문화와 예술을 즐긴다는 것은 그 순간에 나타나는 새로운 내 모습을 발견하고 키워가는 과정이기도 하다. 기계처럼 매일 똑같은 곳에서 똑같은 일만 하는 것이 아니라면, 우리는 그때그때 다른 페르소나를 사용하게 돼 있다.

페르소나는 아주 어릴 때부터 시작된다. 부모 앞에서는 자녀의 페르소나를, 학교에서는 학생의 페르소나를, 친구들을 사귀면서는 친구의 페르소나를 사용한다. 사회화된다는 것은 내가 어떤 무대에 서 있는지 알고, 역할에 맞는 페르소나를 찾아 쓰는 과정이다.

즉, 페르소나는 진짜 나를 숨기는 것이 아니다. 같은 역할이어도 각자 자기만의 방식으로 그 역할을 수행하는 것처럼, 페르소나에도 내가 담겨 있다. 중요한 것은 내게 잘 맞는 페르소나를 찾아서 적재적소에 사용하는 것이다. 재능이나 성향에 어울리는 페르소나를 사용하면 자기 자신도 만족하고 주변의 인정도 받게 된다. 성공한 사람들 대부분은 자신에게 맞는 페르소나와 그 가면에 어울리는 무대를 찾아낸 사람들이다.

페르소나는 진짜 나를 숨기는 것이 아니다.
같은 역할이어도 각자 자기만의 방식으로
그 역할을 수행하는 것처럼,
페르소나에도 내가 담겨 있다.
중요한 것은 내게 잘 맞는 페르소나를 찾아서
적재적소에 사용하는 것이다.
재능이나 성향에 어울리는 페르소나를 사용하면
자기 자신도 만족하고 주변의 인정도 받게 된다.
성공한 사람들 대부분은 자신에게 맞는 페르소나와
그 가면에 어울리는 무대를 찾아낸 사람들이다.

어느 날 '이건 아닌데…'라는
느낌이 찾아온다면

중요한 것은 균형이다. 페르소나가 제 기능을 하려면 주어진 상황이나 환경에 부합하면서, 내 개성과 성향도 담아내야 한다. 만약 나의 성향이 주어진 역할을 이겨버리면 이 균형이 무너진다. 영업 사원이 진상 고객에게 감정을 드러내거나 회사원이 회사에서 제멋대로 행동하면 어떻게 되겠는가. 다행히 이런 경우에는 주변에서 개입한다. 균형을 찾지 못하면 직업을 잃는다. 그러니 균형을 되찾을 수밖에 없다.

자신의 성향에 맞는 새로운 무대와 페르소나를 창조해서 성공하는 경우도 드물게 있다. 애플의 창업자 스티브 잡스나 테슬라의 일론 머스크 같은 사람들은 좋든 싫든 자기만의 페르소나를 만들었다. 많은 예술가도 자기 개성을 페르소나에 녹여 고유한 작품을 만들어 낸다. 문제는 그렇게 만든 페르소나가 너무 강해질 때다.

만약 내 역할에 너무 맞아떨어지는 페르소나를 만들었다면, 그래서 그 페르소나를 통해 얻는 만족감이 너무 강력해서 내 본모습을 포기해도 좋을 정도라면 어떻게 될까? 유감스럽게도 이때는 해결책이 없다. 우선 그 사람의 페르소나에 대해 세상은 아무런 불만이 없다. 세상이 필요로 하는 역할을 알아서 잘하고 있는데, 무슨 불만이 있겠는가? 오히려 장려할 것이다. 물론 당사자도 만족스러움을 느끼며, 앞으로도 계속 그렇게 살고 싶어 할 것이다.

그런데 그렇게 계속 살다 보면 진짜 내가 어떤 사람인지 잊어버릴 때까지 내면에 페르소나의 비중이 갈수록 커진다. 엄청나게 성공한 사람 중에 가끔 이상한 모습을 보여주는 사례들은 그렇게 부풀어 오른 페르소나의 결과일 수 있다. 더 나쁜 경우도 있다. 주어진 페르소나 외에 다른 내 모습을 보여주는 것이 허용되지 않는 상황에 갇힌 사람들이다.

비합리적이고 착취적인 조직에 익숙해진 구성원들을 생각해보자. 그들도 처음에는 문제의식을 가지고 상황을 고쳐보거나 벗어나려고 했을 것이다. 하지만 어떤 이유로든 그런 시도가 자꾸 실패하다 보니 점차 주어진 페르소나에 길들여진다. 극단적인 예로, 부모로부터 정서적 학대를 받으며 자란 아이들은 부모가 요구한 모습 이외에 자신의 다른 모습은 상상조차 하지 못한다.

융은 이런 상황을 '페르소나 팽창'이라고 불렀다. 이렇게 팽창하는 페르소나는 자아를 완전히 짓눌러버릴 때까지 멈추지 않는다. 멈출 이유도 없다. 나는 이미 나를 지워버리면서 역할에 적응했고, 세상은 그런 나에게 만족하고 있으니 말이다.

그러면 겉보기에는 멀쩡하고 잘 지내는 것처럼 보인다. 하지만 그 사람의 내면은 균형을 잃고 무너진다. 즐거움도, 고통도 희미해진다. 내가 정말 뭘 원하는지 모르겠고, 이렇게 사는 게 무슨 의미인지도 떠오르지 않는다.

이것이 바로 융이 말하는 '신경증'으로, 그 대표적인 증상이 막연한 불안감이다. 불안감의 본질은 '이건 아닌데…'라는 느낌이다. 융에 따르면, 감정노동에 시달리는 사람뿐만 아니라 착하게 부모님 말씀 잘 듣고 시키는 대로 성실하고 열심히 살며 칭찬도 많이 듣던 사람들도 어느 순간 이런 존재론적 불안감을 느끼게 된다.

불안이란 내 삶이
길을 잃었음을 알리는 경고

이 불안감은 집단 무의식 속의 다른 원형이 보내는 메시지다. 융은 이 역할을 하는 원형을 '자기성(self)'이라고 이름 붙였다. 자기성은 자아와는 조금 다른 개념이다. 자아가 그저 나를 구성하는 모든 내적 요소라면, 자기성이란 그 요소들 간의 통일성, 조화, 전체성을 만들어내려는 성향이다. 즉, 말과 행동이 일관되고 내적 논리를 가지고 있는 상태를 추구하는 것이다.

그런 면에서 자기성은 누구라도 신뢰할 수 있고 성숙한 사람에게 꼭 필요한 요소다. 자기성이 없으면 그때그때 말이나 생각이 바뀌어서 도대체 진심이 무엇인지 알 수 없는 사람이 되고 만다.

페르소나라는 원형이 상황이나 역할에 맞춰 카멜레온처럼 나를 변화시키고 적응하게 해주는 존재라면, 자기성이라는 원형은 그 다채로움 속에서 '나다움'을 유지하게 해준다.

융은 인생의 궁극적 목표가 이 자기성의 성취라고 봤다. 자기성의 성취 상태에 도달한 인간은 자기 내부에 존재하는 성격의 모든 구성 요소들 간의 완전한 개방과 조화를 꾸준히 추구하며, 모든 내적 요소를 온전히 이해하고 받아들일 수 있게 된다. 모든 인류 문화 속에 존재하는 종교들, 예를 들어 '삼위일체', '열반' 같은 개념이 이 자기성을 표현한 것이다.

이 부분은 특히 프로이트와 융의 차이점이기도 하다. 프로이트는 인간을 사회적 금지와 원초적 욕구 사이의 갈등으로부터 '도망치려는' 존재로 봤다. 그래서 정신분석학에서는 자기 욕구를 세상이 인정하는 방식으로 세련되게 숨기거나 왜곡할 수 있는 사람일수록 성숙한 사람으로 간주한다.

반면에 융은 인간이 자기 내면을 올바로 인식하고, 그 속에서 조화와 통합을 '찾아가려는' 존재라고 봤다. 건강한 사람일수록 자기성이 적극적으로 드러난다. 자신이 원하는 것을 명확히 알고, 그것을 실현하기 위해 에너지를 집중하는 것이다. 자기성은 또한 삶이 잘못된 길로 빠질 때 경고 메시지를 보내기도 한다. 신경증이나 불안감이 바로 그것이다.

　융은 "당신이 두려움을 느끼는 곳에 당신이 할 일이 있다"라고 말했다. 그러니 만약 이유 없이 종종 불안감이 엄습한다면 스스로 이런 질문을 해보자.

　'지금 이 삶이 정말 내가 원하는 것인가?'

　SNS에는 사용자들의 사진이 가득하다. 여행을 가서 사진을 찍는다기보다 사진을 올리기 위해 여행을 가고, 사진이 잘 나오기로 유명한 장소들을 방문하기도 한다. 심지어 그 사진들은 필터를 통해 거의 원형을 알아볼 수 없을 만큼 변형되기도 한다. 그런 면에서 SNS에는 풍선처럼 부풀어 오른 페르소나들이 가득하다. 그렇다면 자기성은 어디에 있을까? 팽창한 페르소나들과 함께 이리저리 쪼개지는 자아 앞에서 자기성은 절박한 위기감을 느끼고 있지 않을까?

　융의 이론에 따르면, SNS에 나를 열심히 드러내고 자랑할수록 내면은 공허감으로 채워진다. 비극은 그 공허감을 잊기 위해 더 많은 셀카와 더 화려한 나에 집착할 때 생긴다. 그럴수록 자기성은 쪼그라들어 공허감이 더 커질 것이기 때문이다. SNS를 많이 할수록 우울감이 커진다는 조사 결과가 여기저기서 나온다. 그 우울감이란 어쩌면 벼랑 끝에 몰린 자기성의 비명일지 모른다.

프로이트의 무의식

나는 왜 이유 없이 불안할까?

어떤 장소에 갈 때마다 이유 없이 불안해진 적이 있는가? 특정인이나 물건이 눈에 띄기만 해도 알 수 없는 혐오감이 느껴진 적은 없었나? 가끔 우리는 설명할 수 없는 이유로 무언가에 이끌리거나 혹은 불쾌함을 느낀다. 이런 감정들은 어디에서 오는 걸까? 그리고 왜 그 이유를 스스로 설명할 수 없는 걸까?

1880년 오스트리아 빈에도 위와 비슷한 문제로 고통을 겪던 사람이 있었다. 그녀의 이름은 베르타 파펜하임. 당시 20대 초반이던 그녀는 상류층 가문 출신으로, 아름다운 외모에 뛰어난 지적 능력까지 갖춘 사람이었다. 그녀는 모국어인 독일어 외에도 영어, 불어, 이

탈리아어에 유창했고, 독서를 통해 쌓은 지식도 상당했다.

그녀의 증상은 특이했다. 처음에는 기침을 계속하며 잘 보이지 않거나 들리지 않는다고 호소했다. 이것은 시작에 불과했다. 그녀는 일시적으로 반신마비 증세를 보였는데, 한번은 몸의 오른쪽이 마비 됐다가 다음번에는 왼쪽이 마비되는 식이었다. 더구나 마비는 어느 날 갑자기 나아버리곤 했다.

심지어 그녀는 몇 주 동안 오렌지만 먹는다거나, 그냥 무섭다는 이유로 컵에 담긴 물을 마시지 못하기도 했고, 방금 있었던 일을 기억하지 못하기도 했다. 한동안은 평소에 잘하던 독일어를 깡그리 잊어버리기도 했다. 아무리 봐도 몸에는 문제가 없었다. 마치 이런 증상을 일부러 만들어내는 것 같았다. 그러나 그녀는 진심으로 이런 증상이 없어지기를 원했다. 즉, 그녀의 의지와 상관없이 움직이는 또 다른 존재가 그녀 안에 있는 것처럼 보였다.

담당 의사였던 요제프 브로이어는 그녀의 사생활을 보호하기 위해 논문에서 그녀를 '안나 오'라는 가명으로 불렀다. 안나 오는 그때까지 학자들에게 알려진 가장 전형적인 히스테리 환자의 사례였고, 덕분에 그녀는 히스테리 증세를 대표하는 인물이 됐다.

요즘에는 히스테리를 '신경질적이고 변덕이 심한 성품'이라고 정의한다. 그러나 안나 오의 시대에 히스테리란, 특별히 어딘가 다치지 않았음에도 불구하고 몸에 마비나 경련 증상이 나타나는 것을 통칭하는 질병이었다. 이 증상은 거의 모두 여성에게서만 나타났기 때문에, 그리스어로 자궁을 뜻하는 'Hystera'를 따와 '히스테리'라는 이름을 붙였다. 그리고 이 히스테리 증상에 관심을 가진 이 중에는 정신분석학의 창시자인 지그문트 프로이트도 있었다.

'마음'에 관심을 가진 신경과 의사 프로이트

1856년, 오스트리아에서 유대인 상인 가정의 장남으로 태어난 프로이트는 빈 의대를 좋은 성적으로 졸업하고 신경과 의사로 일하기 시작했다. 그에게 찾아온 신경과 환자 중에도 안나 오와 같은 히스테리 환자들이 있었다.

이 환자들의 증상을 관찰하던 프로이트 역시 이 증세는 몸이 아닌 마음의 문제라는 사실을 발견했다. 예를 들어, 신경계의 문제로 손이 마비된 사람은 손뿐만이 아니라 어깨부터 손가락까지 (신경이 연결된 모든 부위가) 마비돼야 한다. 그러나 이 환자들은 어깨나 팔은 괜찮은데 손가락만 마비되거나 그 반대인 경우도 있었다. 모두 의학적으로 불가능한 일이었다.

그렇다고 해서 히스테리 환자들이 꾀병을 부리는 것은 아니었다.

손이 마비된 히스테리 환자들은 뜨거운 물이 손에 닿아도 정말 아무런 통증을 느끼지 못했으며, 히스테리성 시력 상실자 역시 길을 잃거나 마차에 치일 위험에 처해도 여전히 앞을 보지 못했다. 게다가 그들은 모두 안나 오처럼 진심으로 자신의 증세로부터 회복되기를 원했다.

프로이트가 발견한 유일한 치료법은 최면술이었다. 요제프 브로이어가 안나 오에게 했듯, 히스테리 환자들에게 최면을 걸어서 마비된 부분을 움직일 수 있다고 암시하면 마비가 풀렸다. 하지만 최면에서 깨어나면 다시 마비 상태로 돌아갔다. 이것으로 보아 이들의 증세는 몸이 아니라 마음의 문제임이 분명했다.

나도 모르게 나를 조종하는 무의식의 힘

만약 마음의 문제 때문에 몸의 문제가 생길 수 있다면, 어떻게 이런 일이 벌어질 수 있는 것일까? 프로이트는 히스테리 환자들이 공통적으로 어떤 용납할 수 없는 기억을 가지고 있다는 사실을 발견했다. 그런 기억은 평소에는 결코 떠올리지 못했고, 그런 일이 있었다는 사실조차 스스로 부인할 만큼 깊이 감춰져 있었다.

앞서 언급한 안나 오의 경우에도 컵에 담긴 물을 두려워하며 마시지 못하는 증상이 있었다. 최면을 통해서 과거를 되짚어가자, 한 번은 어떤 부인이 자신의 개에게 마시던 물컵의 물을 마시게 하는 장면을 보면서 '역겹다'는 생각을 했던 기억이 떠올랐다.

그렇다면 그녀는 컵에 담긴 물을 왜 역겨워하지 않고, 두려워한 것일까? 그녀가 두려워한 것은 그 부인에게 역겹다는 감정을 느낀 기억, 그 자체였다. 그것은 기품 있는 여성이라면 느껴서는 안 되는 감정이었다. 즉, 그녀는 물컵을 볼 때마다 자신이 규범을 어긴 기억이 떠올랐고, 그 기억이 두려워서 물컵에 담긴 물을 기피하게 된 것이었다. 그녀가 두려워한 것은 물이 아닌 그 물과 연결된 기억이었다. 이렇게 무의식 속에 숨겨진 과거의 기억과 불안이 현재의 문제를 유발한다는 생각이 정신분석 이론의 기본 아이디어다.

프로이트가 발견한 무의식은 단순히 취중 진담(술에 취했을 때 드러내는 속마음) 수준의 존재가 아니다. 적어도 나는 내 속마음이나 진심이 무엇인지 알고 있다. 그러나 무의식 뒤에 뭐가 있는지는 나 자신조차 알지 못한다. 무의식이란, 내 속에 숨겨진 나도 모르는 나라고 말할 수 있다.

취중 진담에 비유하자면 무의식은 나로 하여금 전두엽이 마비될 정도로 술을 마시게 만들고, 술에 취했다는 정황을 이용해서 평소에 하지 않던 말이나 행동까지 하게 만드는 존재다. 그리고 무의식은 우리 행동의 배후 조종 세력이며, 평소 저지르는 모든 멍청하거나 기괴한 행동부터 숭고하고 위대한 행위의 흑막이다. 바다에 떠 있는 빙산의 70%가 수면 아래에 숨겨져 있듯, 무의식은 실상 우리가 가진 심리 에너지의 대부분을 운용하고 있고, 자기들의 목적을 위해 우리를 조종하는 진정한 주인이다. 그래서 프로이트는 "자아는 자기 집의 주인이 아니다"라고 말했다.

앞서 예로 들었던 팔이 마비된 히스테리 환자는 진심으로 팔을 움직이고 싶어 했다. 그러나 그 멀쩡한 팔은 의지와는 무관하게 뻣뻣이 굳어 있었다. 즉, 환자의 무의식은 그 환자의 겉으로 드러난 의지보다 더 강력한 존재였다.

심지어는 내가 아무 생각 없이 저지른 실수조차도 무의식의 소행일 수 있다. 처음 만나는 사람에게 "안녕하세요"라고 인사하려는데 정작 입에서는 "안녕히 계세요"라는 말이 튀어나왔다면, 프로이트가 보기엔 그건 단순한 말실수가 아니라 그 사람과의 대화를 빨리 끝내고 싶어 하는 내 무의식적 욕구가 드러난 것이었다. 이렇게 무의식의 욕구가 드러나는 실수들을 '프로이드적 말실수(Freudian Slip)'라고 부른다.

프로이트의 이론이 과학적으로 얼마나 타당한지는 여전히 논쟁거리다. 하지만 그가 던진 무의식 개념이 인간 이해의 새로운 지평을 열었다는 것은 분명한 사실이다. 그 이전까지는 어떤 사람이 하는 행동은, 실수가 아닌 한 스스로 자기 행동의 이유를 설명할 수 있다고 봤다. 그러나 마음속에 나도 모르는 또 다른 내가 존재한다는 생각은 이런 믿음을 깨뜨렸다. 나는 스스로 이해할 수 없는 이유로 인해 내 의지와 상반된 행동을 할 수 있다는 것이다.

세상이 뭐라 하지 않는 형태로
욕망을 드러내는 법

프로이트는 무의식 속 존재를 움직이는 에너지원이 성욕이라고 봤다. '리비도(Libido)'라고 이름 붙인 그 에너지는 원래 모습인 성적 욕구로 표출되지 않고, 이상한 형태로 나타나는 것이었다. 요컨대 누군가 단추에 집착한다면, 그 사람은 단추에서 성욕을 만족할 만한 무엇인가를 발견했다는 뜻이었다.

사실 프로이트는 우리가 열심히 노력하고 일하는 이유를 모두 리비도에서 찾았다. 즉, 누군가 열심히 공부한다면 그 사람은 공부를 통해 성욕을 충족하고 있다는 뜻이다. 왜 이런 욕구의 변형이 일어나느냐면, 대개는 안나 오의 경우처럼 과거의 경험 때문이다.

일반적으로 성욕을 있는 그대로 표현하는 행위는 바람직하지 않다. 어떤 부모도 어린 자식이 성욕을 드러내기를 원하지는 않을 것이다. 그래서 우리의 무의식은 어떻게든 세상이 뭐라 하지 않는 형태로 자신의 욕구를 만족시키는 방법을 찾아간다. 그 과정에서 무의식은 점차 더 크고 강해지며, 그럴수록 더 깊은 곳으로 가라앉는다. 그 결과, 우리는 자각하지 못한 상태로 공부나 단추를 통해서 성욕을 충족시키는 사람이 된 것이다. 이런 프로이트의 논리를 따르면, 당신이 스스로 납득할 수 없는 이상한 것에 이끌린다면 당신의 무의식 속 리비도가 그것을 욕구의 대상으로 삼았다는 뜻이 된다.

프로이트의 무의식 개념은 그런 면에서 인간이라는 존재의 본질에 대해 다시 한번 생각하게 만든다. 우리는 애초부터 위선적인 존재일지도 모른다. 겉으로 드러난 모습은 진짜가 아니다. 나 자신도 모르는 진짜 나는, 무의식 속에 숨어 나를 조종하고 있다. 어른이 된다는 것은 순수한 욕구를 세상이 인정하는 형태로 뒤틀어 표현하는 법을 배워간다는 것이고, 심지어는 자신이 그걸 뒤틀었는지조차도 깨닫지 못할 정도로 자신을 깊숙이 속이는 존재가 된다는 뜻이다.

어른이 된다는 것은

순수한 욕구를 세상이 인정하는 형태로 뒤틀어

표현하는 법을 배워간다는 것이고,

심지어는 자신이 그걸 뒤틀었는지조차도

깨닫지 못할 정도로 자신을 깊숙이 속이는

존재가 된다는 뜻이다.

2장

Anna Freud
Carl Gustav Jung
Alfred Adler
Aaron Temkin Beck

우리는 모두
더 나은 내가
되고 싶다

엘킨드의 자아 중심성

내가 특별한 존재가 아니라는 걸 깨닫는 순간

사람들의 시선이 유독 신경 쓰인다. 그들이 나에 대해 어떻게 생각할지, 내가 없을 때 나에 대해 무슨 이야기를 할지도 신경 쓰인다. 그래서 남들 앞에서 뭔가 해야 할 때나 업무상 발표해야 하는 자리를 가능한 피하려고 한다. 왜 사람들은 이다지도 나에게 관심이 많을까?

당신이 타인의 시선을 부담스럽게 느끼는 이유는 무엇일까? 그것은 남들이 당신에게 특별한 기대를 할 것이라 믿기 때문이다. 하지만 그것이 사실일까? 왜 하필 당신에게만 그토록 큰 관심과 기대가 집중된다고 생각하는 걸까?

남들의 시선이
지나치게 신경 쓰인다면?

발달심리학자 데이비드 엘킨드는 이런 상태를 '상상의 청중'이라고 불렀다. 이것이 '상상'에 불과한 이유는 '남들이 전부 나만 지켜본다'는 강력한 느낌이 당신의 머릿속에서 만들어진 것이기 때문이다. 사람들은 자신에게 특별히 소중한 가족이나 연인이 아닌 한 온종일 다른 사람을 주목하지 않는다. 그러므로 당신이 느끼는 타인의 시선이나 기대로 인한 부담감은 대부분 스스로 만들어낸 것이다.

상상의 청중은 여러 형태로 나타난다. 예를 들어, SNS에 자신의 일상을 공유하지 않으면 하루를 제대로 보낸 것 같지 않은가? 셀카마다 필터를 입혀 올리고, 거기에 '좋아요'나 '하트'가 많이 달리면 뿌듯한가? 오늘도 뭔가 보여줘야 한다는 압박감을 느끼는가? 이것 역시 상상의 청중 현상의 한 예다.

내가 사라지거나 죽으면 사람들이 뭐라고 말할지 자주 상상하는 것이나 직장인이 갑자기 퇴사하겠다고 하면 동료들이 놀라고, 그동안 나를 무시했던 행동을 반성하리라 상상하는 것도 같은 맥락이다. 현실에서는 그 반응조차 미미할 가능성이 높다.

상상의 청중을 가진 사람들은 남들이 왜 나에게 관심이 많은지에 대해 깊이 고민하지 않는다. 그저 자신이 엄청나게 매력적이거나 멋지거나 흥미로운 존재이기 때문이라고 막연히 추측할 뿐이다. 물론 그 관심과 믿음도 결국 당신만의 상상일 가능성이 크다.

외로울수록 누군가의 관심을 기다린다

원래 엘킨드는 상상의 청중이 청소년기 특유의 심리적 특성이라고 보았다. 그는 사춘기 전후에 청소년들이 '세상은 나를 중심으로 돌아가고, 내가 세상의 유일한 주인공이며, 모든 일은 나 때문에 일어난다'는 착각에 빠진다는 사실을 발견했고, 이를 청소년기 '자아 중심성'이라고 명명했다. 상상의 청중은 이 청소년기 자아 중심성의 대표적 증상이었다.

그런데 최근 연구에 따르면, 이 현상이 SNS를 하는 현대인들에게도 나타나고 있다고 한다. SNS가 본질적으로 상상의 청중을 대상으로 자신을 표현하는 공간이기 때문이다.

우리는 열심히 글을 쓰고 사진을 올리지만, 정작 누가 보는지는 정확히 알지 못한다. 다만 조회 수나 '좋아요' 숫자로만 그들의 존재를 확인할 수 있을 뿐이다. 그럼에도 그 피상적인 숫자들을 위해 당신은 매일 자신이 보여줄 수 있는 최고의 모습을 연출하려고 애쓴다. 그뿐 아니라 새 학교로 전학을 가거나, 새로운 직장에 입사하는 등 낯선 환경에 뛰어들었을 때도 크건 작건 상상의 청중 현상을 경험한다.

    그렇다면 상상의 청중 현상은 왜 생길까? 가장 큰 이유는 사고력의 미숙함 때문이다. 우리가 어른이 되면서 배우는 가장 중요한 능력은 바로 '상대방과 입장을 바꿔 생각하는 능력'이다. 이 능력이 미숙한 청소년들은 자기 입장에서만 남의 마음을 상상하다가, 내가 남에게 관심이 많듯 남들도 나를 유심히 살펴볼 것이라는 착각에 빠진다. 그러나 다른 이유도 있다. 그것은 외로움이다. 사춘기의 청소년들은 외롭다. 아무도 내 마음을 이해해주지 않는 것 같다. 낯선 세계에 홀로 던져졌다고 느껴지는 상황에서, 제발 남들이 나에게 관심 가져주고 지켜봐 주길 바라는 소망이 남에게 투사되어 역으로 '누군가는 나를 걱정해 주고 응원해 줄 거야'라는 막연한 기대로 나타나는 것이다. 그렇다면 현대인들도 어쩌면 같은 이유에서 상상의 청중을 만들어내고 있는 것은 아닐까?

'나는 특별한 사람'이라는
믿음이 주는 용기

엘킨드에 따르면, 청소년기 자아 중심성의 또 다른 증상이 바로 '개인적 우화'다. 개인적 우화란 '나는 너무나 특별한 존재라서 남들은 도저히 내 기분이나 경험을 이해하지 못해'라는 믿음이다.

개인적 우화를 가진 사람들은 '남들은 내가 대단한 존재라는 사실을 모른다'고 생각한다. 사람들이 클라크 켄트가 슈퍼맨인 줄 모르며, 피터 파커가 스파이더맨인지 모르는 것처럼 특별한 내 진짜 모습은 오직 나와 극소수의 사람들만 알고 있다고 생각한다.

그래서 개인적 우화에 빠진 사람들은 타인이 자신의 경험에 공감하거나 조언하려 들면 불쾌해한다. '어떻게 감히 평범한 당신이 나만의 특별한 세계를 이해하려 드는 거지?'라고 생각하는 것이다. 이런 사고방식은 남들의 조언을 받아들이지 못하게 만들어 더 큰 위험에 빠지는 결과를 낳기도 한다.

예를 들어, '다른 사람이 과속하면 위험하지만, 나는 속도를 좀 내도 절대 사고 나지 않을 거야'라는 생각이나 '치명적인 전염병이 유행해도 나만은 괜찮을 거야'라는 근거 없는 자신감도 개인적 우화의 사례다. 세상의 주인공이 나인데, 주인공이 죽을 리 없다는 거다.

개인적 우화는 왜 생길까? 청소년기 사고력의 성장 과정에서 생기는 '착각'이 가장 큰 이유다. 청소년기에 우리는 처음으로 자기 내면을 들여다볼 수 있게 된다. 그리고 내가 아주 복잡한 존재라는 사실을 깨닫는다. 문제는 남들도 나만큼 복잡하다는 사실은 아직 모른다는 점이다. 그래서 나보다 단순한 타인들은 복잡한 나를 이해하지 못한다는 착각에 빠진다. 두 번째 이유는 두려움이다. 사춘기에는 몸도, 마음도, 경험하는 세상도 빠르게 변한다. 변화는 두려움을 불러온다. 이렇게 마구 변하다가 나중에 어떻게 될까? 막연한 미래 앞에서 느끼는 두려움을 개인적 우화가 달래준다. 나는 특별하니까. 이 세상의 주인공이니까. 어떻게든 잘 헤쳐나갈 것이라고.

어른이 되면 불완전한 사고력으로 인한 착각에서는 벗어날지 모른다. 그러나 안전한 울타리를 벗어나 낯선 세상에 들어서는 순간에 느끼는 두려움은 계속된다. '내가 여기서 버틸 수 있을까?' 하는 의문이 떠오를 때, '누군가는 나를 지켜보고 있다'는 착각이나 '나는 특별한 사람'이라는 믿음은 용기가 된다. 남들은 실패해도 나는 어떻게든 성공할 것이라고, 남들은 굴복하는 고난에도 나는 이겨낼 수 있으리라 확신하며 우리는 두려운 세상을 헤쳐나간다. 그렇기에 개인적 우화는 청소년들에게만이 아니라, 독립된 개인으로 살아가는 현대인에게도 필요할지 모른다.

자아 중심성은 양날의 칼과 같다. 청소년들로 하여금 반항하고 사고 치게 만들기도 하지만, 어린아이에서 어른으로 넘어가는 모호

'내가 여기서 버틸 수 있을까?' 하는

의문이 떠오를 때,

'나는 특별한 사람'이라는 믿음은 용기가 된다.

남들은 실패해도 나는 어떻게든 성공할 것이라고,

남들은 굴복하는 고난에도

나는 이겨낼 수 있으리라 확신하며

우리는 두려운 세상을 헤쳐나간다.

그렇기에 개인적 우화는 청소년들에게만이 아니라,

독립된 개인으로 살아가는 현대인에게도

필요할지 모른다.

한 시기를 극복하는 에너지를 제공하기도 한다. 무슨 일이 일어나도 나는 무사할 것이라는 믿음 덕분에 난생처음 겪는 위기도 용감하게 극복할 수 있고, 세상에 나만큼 소중한 존재가 따로 없다는 믿음 덕분에 내면의 소리에 귀를 기울이면서 자기 성찰을 한다. 또 남들이 언제나 나를 주시하고 있다는 믿음 덕분에 아무리 외로워도 나는 혼자가 아니라고 여길 수 있다.

하지만 우리는 언제까지나 이런 상상의 세계 속에 머물 수는 없다. 당신이 특별하고 존중받을 자격이 있는 존재라는 건 분명한 사실이다. 그러나 당신만 그런 것은 아니다. 청소년기 자아 중심성의 가장 큰 착각은 '오직 나만 특별하고, 나만 관심받을 자격이 있다'고 믿는 것이다. 사실은 다르다. 모두가 당신만큼 특별하고, 당신만큼 인정받을 자격이 있다. 어른이 된다는 것은 내가 세상의 주인공이 아니라고 체념하는 과정이 아니다. 남들도 나와 같은 주인공이라는 사실을 깨닫는 과정이다.

상상 속이 아닌 진짜 사람들과 사귀고, 사랑에 빠져 상대의 깊은 속을 이해하게 되면서 청소년들은 자아중심적 착각에서 벗어나 성장한다. 마찬가지로 우리 역시 SNS 속 가상의 관계가 아니라 진짜 친구를 만나고, SNS로 과시하려는 화려한 경험보다 일상의 소소한 가치를 발견할 때 성숙해진다.

에런 벡의 자동적 사고

생각하는 대로 살지 않으면
사는 대로 생각하게 된다

회의에서 상사가 한숨을 쉬는 걸 보자마자 '내가 또 실수했구나'라는 생각과 함께 '나는 왜 이렇게 무능할까' 하는 자책이 든다. 다행히 그 자리는 간신히 넘어갔지만, 점심시간에 동료들이 모여 아까 내가 저지른 실수 이야기를 하는 것 같다. 나 자신이 한심하고 불행하다. 아무리 노력해도 나아질 것 같지 않다.

미국의 정신과 의사 에런 벡은 우울증이나 불안증 환자들을 치료하다가 그들의 사고방식 속에 숨겨진 자동적 사고를 발견했다. '자동적 사고(Automatic Thoughts)'란, 어떤 상황이나 사람을 보는 순간 자동으로 이루어지는 생각을 말한다. 이 사고는 말하자면 '생각'보다 '감각'에 가깝다. 시각이나 청각, 후각 같은 감각 말이다.

눈앞에 있는 사과를 보고 그것이 사과라는 것을 알아차리는 과정을 생각해 보자. 먼저 기억에 저장된 사과의 이미지를 떠올린 다음, 눈앞에 보이는 사과와 비교한 뒤 '아, 이게 사과구나!'라고 깨닫는 단계가 있을 것이다. 그러나 머릿속에서 이런 과정이 이루어진다는 걸 인식하는 사람은 없다. 이것이 자동적 사고다.

자동적 사고는 그런 생각을 한다는 것조차 인식하지 못하는 생각이다. 내가 하는 생각이라는 점도 인식하지 못하니, 그 생각이 사실과 다를 수 있다는 생각조차 하지 못한다. 눈앞의 사과가 사과이듯, 자동적 사고도 생각이 아닌 명백한 현실로 받아들여진다. 문제는 그 생각은 그 사람의 생각일 뿐, 실제 현실과는 다를 수 있다는 점이다.

우리의 행동은 이런 자동적 사고의 결과물이다. 문제는 이 자동적 사고가 비현실적일 때다. 그러면 사실과 전혀 다른 생각을 마치 사실인 것으로 착각하고, 부적절한 행동을 하게 된다. 그래서 벡은 이렇게 말했다.

"우리를 아프게 하는 것은 사실 그 자체가 아니라 그 사실에 대한 비틀린 해석이다."

스스로를 불행하게 만드는
사고방식

그렇다면 자동적 사고는 언제 문제가 될까? 여러 가지가 있지만, 그중 세 가지만 살펴보자.

첫 번째는 모든 것을 이분법적으로 생각할 때다. 완전한 성공이 아니면 전부 실패라고 생각하거나, 저 사람이 나를 좋아하지 않으면 미워한다고 생각하거나, 좋은 사람이 아니면 나쁜 사람이라고 생각하는 식이다.

실제 세상은 흑과 백만이 아닌, 그 중간의 다양한 색으로 가득하다. 성공과 실패에 대해 생각해 보자. 세상에 완벽한 성공이라고 할 만한 일이 과연 몇이나 될까? 대부분은 어딘가 조금 아쉬운 성공이거나 어떤 경우에는 간신히 실패를 모면했을 수도 있다. 그럼에도 불구하고 우리는 잘 살아간다. 그 정도면 충분하고, 그것만으로도 대단한 일이기 때문이다.

그러나 우울증 환자들에게 그런 어중간함은 존재하지 않는다. 완벽한 성공이 아니라면 모두 실패다. 그러니 자신이 한 모든 일이 실패일 수밖에 없고, 스스로를 실패자, 무능한 놈, 행복할 자격이 없는 패배자라고 여긴다.

두 번째는 과잉 일반화를 할 때다. 과잉 일반화란, 단 한 번의 사건으로 보편적인 결론을 도출하는 사고방식이다. 과거의 경험을 바탕으로 미래의 사건을 추정하는 것을 '연역법'이라고 한다. 이는 보편적 추론 방식이다.

그러나 지나치면 문제가 된다. 예를 들어, 딱 한 번 시험에 불합격하고서는 '나는 이제 어떤 시험에도 다 떨어지고 말 거야'라고 생각한다면 이는 과잉 일반화다. 만약 이 사고방식이 자동적 사고로 자리 잡으면 어떻게 될까?

보통 사람이라면 '시험' 하면 시험 문제나 점수 같은 이미지를 떠올릴 것이다. 그런데 어떤 사람은 '시험을 망치는 내 모습'을 떠올린다. 순식간에, 그 어떤 단계도 거치지 않고 곧장 이런 장면이 떠오르기 때문에 그게 생각이 아닌 실제라고 여길 수밖에 없다. 이는 시험 불안인 사람의 과잉 일반화 증상이다.

세 번째는 개인화될 때다. 개인화란, 자신과 무관한 사건도 전부 자기와 관련된 것으로 해석하는 사고방식이다. 예를 들어, 길을 가던 사람이 웃었는데 그 웃음이 나를 향한 것이라고 생각하는 경우다.

어떤 불안증 환자들은 주변 사람들이 하는 모든 대화가 자기가 저지른 실수나 단점에 대한 것이라고 생각한다. 모두가 자기에 대해 이야기하고, 전부 자신을 불쌍한 눈으로 쳐다본다고 느낀다. 그래서 스스로 세상에서 가장 비참한 사람이라고 생각하고, 이는 생각이 아닌 현실이라고 확신한다.

세상에 완벽한 성공이라고 할 만한 일이 과연 몇이나 될까?

대부분은 어딘가 조금 아쉬운 성공이거나

어떤 경우에는 간신히 실패를 모면했을 수도 있다.

그럼에도 불구하고 우리는 잘 살아간다.

그 정도면 충분하고, 그것만으로도 대단한 일이기 때문이다.

그러나 우울증 환자들에게 그런 어중간함은 존재하지 않는다.

완벽한 성공이 아니라면 모두 실패다.

그러니 자신이 한 모든 일이 실패일 수밖에 없고,

스스로를 실패자, 무능한 놈, 행복할 자격이 없는

패배자라고 여긴다.

생각의 함정에서
벗어나는 법

앞의 예로 돌아가 보자. 당신의 우울감은 당신이 매몰돼 있는 자동적 사고의 결과물이다. 물론 누구나 자신의 부족함을 발견할 때마다 우울해지며, 무가치한 사람으로 보일까 봐 불안해한다. 적당한 수준의 불안은 도움이 되기도 한다. 우울과 불안에서 벗어나기 위해 더 나아지려 노력하기 때문이다.

그러나 우울한 자동적 사고에 빠진 사람들은 자신이 지금 완벽한 존재가 아니라면 이미 불완전하고 잘못된 존재이기에 더 이상 나아질 희망이 없다고 결론짓는다. 그들에게 우울과 불안은 노력할 이유가 되지 못한다, 그저 실패자인 자신이 받아들여야 할 형벌일 뿐이다.

그렇다면 자동적 사고에 빠지지 않거나 벗어나는 방법은 뭘까? 핵심은 현실과 생각을 구별하는 것이다. 무엇이 객관적인 현실이고, 무엇부터 그 현실에 대한 생각이나 의견인지 구별해야 한다. 생각인 줄 모르고 생각하면 그 생각을 현실로 착각하기 쉽다. 그런데 어떻게 해야 구분할 수 있을까? 벡은 다음과 같은 방법을 추천한다.

먼저 자신의 마음에 귀 기울이는 습관을 가져야 한다. 커피를 마실 때 원두를 볶고 갈아서 추출기에 넣으며 맛과 향을 음미하듯, 자신의 감정과 생각을 차분하게 느끼고 살펴보아야 한다. 틈틈이 마음속에서 무슨 일이 벌어지는지 관찰하라는 이야기다.

지금 내 기분이 어떤지, 왜 이런 기분이 드는지, 그 이유가 실제 현실 때문인지 아니면 내 생각 때문인지, 진짜 현실은 무엇이고 그때 떠오른 생각은 무엇인지, 다른 생각을 할 수는 없었는지 차근차근 짚어보는 거다. 물론 하루 종일 이 과정을 반복할 수는 없다. 하지만 커피 마실 때처럼 가끔씩, 특히 잠들기 전에 이런 시간을 가져보는 것은 큰 도움이 된다.

이런 습관은 생각과 현실을 구별하고, 지금 나에게 도움이 되는 생각이 무엇인지 선택하기 위한 기반이 된다. 그러기 위해서는 스마트폰을 내려놓고 아무것도 듣지도, 보지도 않은 채 온전히 혼자 보내는 시간이 필요하다.

개방적인 태도를 갖는 것도 중요하다. 나를 들여다보는 게 힘든 이유는 내 안에서 불편하고 거슬리는 무언가를 만나기 때문이다. 그것이 현실일 때도 있고, 내 생각일 때도 있다. 그러나 외면한다고 문제가 해결되지는 않는다.

생각에 관해
생각하라

자동적 사고는 인식하지 못한 자기 생각에 통제당할 수 있다는 것을 알려준다. 내가 무슨 생각을 하는지 인지할 수 있다면 나는 내 생각의 주인이 될 수 있다. 다만 나의 내면에 무엇이든 있을 수 있다고, 거기서 무엇을 발견해도 놀라거나 눈감지 않겠다고 굳게 마음을 먹어야 한다. 누구에게나 추하고, 비열하고, 한심하고, 인정하기 싫은 점이 있다. 정신 건강은 그러한 점이 얼마나 많은지가 아니라, 얼마나 인정하는지에 따라 결정된다.

일기를 쓰는 것도 내면을 지켜보는 방법 중 하나다. 특히 일기는 머릿속에 있던 생각을 밖으로 끄집어내서 객관적으로 볼 수 있게 해준다. 그냥 머릿속으로 되뇌던 생각을 글로 써 보라. 그리고 다른 사람이 쓴 글이라 여기며 읽어보라. 머릿속에만 있을 때는 보지 못한 것들이 보일 것이다. 혼자 생각만 할 때는 얼마나 이상하거나 슬프거나 혹은 한심한지 몰랐던 생각의 본질이 드러난다. 마음속에서 몰래 작동하고 있는 자동적 생각을 찾기란 쉽지 않다. 그러나 하나를 찾아내고 나면 두 번째는 그보다 더 쉽다.

누구나 자동적 생각을 가지고 있지만, 이를 깨닫고 제어하려는 사람은 의외로 드물다. 따라서 자신을 돌아보면서 생각의 패턴을 파악한다면 누구보다 현명한 사람이 돼 있을 것이다. '생각하는 대로 살지 않으면 사는 대로 생각하게 된다'는 말이 있다. 자동적 사고가 그렇다. 생각하는 대로 행동하려면 일단 내 생각에 관해 생각해야 한다. 생각이 내 주인이 되게 하지 말고 당신이 생각의 주인이 돼라.

스키너의 강화계획

나는 왜 지금 해야 할 일을 또 미룰까?

체육관에 가려다 포기하고 소파에 누웠다. 건강을 위해서 운동을 해야 한다는 것은 잘 안다. 나는 체육관에 등록도 했고, 운동할 시간도 있다. 지금 가지 않으면 하루치 체육관 회비를 날린다. 그걸 알면서도 이렇게 누워 있다. 나는 왜 이럴까? 왜 삶에 도움이 되는 행동이 뭔지 알면서도 하지 않는 걸까?

지금 내가 뭘 해야 하는지 알면서도 하지 못할 때가 많다. 생각해 보면 정말 이상한 일이다. 바람직한 행동은 좋은 결과를 가져다준다. 그런데 당신은 그 사실을 알면서도 하지 않는다.
반면에 어떤 행동은 나쁜 결과를 가져온다는 걸 알면서도 기어이

한다. 나는 바보인 걸까? 행동주의 심리학의 대표적인 학자 스키너의 행동주의 이론에서 그 대답을 찾을 수 있다.

나를 움직이게 하는 힘
'보상'

행동주의 이론에 따르면 모든 행동에는 보상이 필요하다. 우리는 좋은 결과(보상)를 가져오는 행동을 더 많이 하고, 나쁜 결과를 가져오는 행동은 기피함으로써 환경에 적응하고 살아남았다. 다시 말해, 아무리 이상하거나 겉보기에 나쁜 행동이라도 어떤 행동이 계속되고 있다면 반드시 어떤 형태로든 보상이 따른다는 뜻이다. 그런데 스키너는 "보상을 얼마나 받느냐보다 어떻게 받느냐가 더 중요하다"라고 말했다. 이 말의 뜻을 이해하기 전에 우선 보상 방식에 따른 효과부터 살펴보자.

먼저 즉시 주어지는 보상의 효과는 가장 강력하다. 어떤 행동을 한 직후에 주어지는 작은 보상과 시간이 조금 지난 후에 주어지는 큰 보상을 경쟁시켜 보면, 언제나 즉시 주어지는 작은 보상이 이긴다. 우리가 나쁜 결과를 가져오는 행동을 하는 이유다.

그런 행동 대부분은 지금 당장은 일시적으로 좋은 결과를 준다.

체육관에 가서 운동하면 활력도 생기고 건강해지겠지만, 한참 뒤에나 그렇게 된다. 반면에 체육관에 가지 않고 누워 있으면 지금 당장 몸이 편하다. 담배도 그렇다. 흡연은 호흡기와 혈관을 조금씩 망가트린다. 하지만 그런 손상은 한참 뒤에 나타난다. 반면 내 몸에 들어온 니코틴은 지금 당장 마음을 진정시키고 불쾌함을 달래준다.

두 번째로, 가끔 주어지는 보상이 매번 주어지는 보상보다 더 효과가 좋다. 이것 역시 이상한 일이다. 효율성의 관점에서 보자면 행동을 할 때마다 보상을 받는 게 가장 좋아야 마땅하다(이렇게 매번 보상이 주어지는 방식을 '연속 강화'라고 한다).

그런데 이 방식에는 큰 약점이 있다. 매번 주어지던 보상이 중단됐을 때 행동도 즉시 중단된다는 것이다. 마치 "호의가 계속되면 권리인 줄 안다"라는 영화 대사처럼, 매번 보상을 받으면 그게 당연해져서 나중에는 보상 없이 행동할 필요가 없다는 식으로 반응한다.

반면 드물게 받던 보상은 중단돼도 더 오랫동안 그 행동을 계속하게 한다. 매번 칭찬받던 아이가 한두 번 칭찬을 받지 못하면 삐지는 반면, 평소 받아본 적 없던 칭찬을 한번 받으면 의욕이 불타는 경우가 그렇다. 이렇게 드문드문 주어지는 보상을 '간헐적 강화'라고 부른다. 이 간헐적 강화도 크게 네 가지 유형이 있으며 유형에 따라 효과의 차이가 있다.

어떤 보상이 가장
강력한 힘을 발휘할까?

첫 번째 유형은 '고정 간격 계획'이라고 불리는 것으로, 1분이든 5분이든 정해진 시간 간격대로 행동에 대한 보상(예를 들어, 먹이)을 주는 것이다. 쥐가 일단 한번 지렛대를 누르고 먹이를 받아먹으면, 정해진 시간이 지나기 전에는 아무리 지렛대를 많이 눌러도 먹이가 나오지 않는다. 그러면 쥐는 먹이가 나올 시간이 되기 전까지는 빈둥거리다가, 시간이 돼야 열심히 지렛대를 누른다. 스키너는 이런 쥐의 모습을 봉급생활자들에 비유했다.

두 번째 유형은 '변화 간격 계획'으로, 보상하는 시간 간격의 평균은 유지하되 매번 보상하는 실제 시간은 다르게 하는 방법이다. 월급에 비유하자면 변덕스러운 사장이 운영하는 회사라서 지난달에는 월급이 7일에 나왔는데, 이번 달에는 15일에 나오고, 다음 달에는 3일에 나오는 식이다. 사람은 어떨지 모르지만, 쥐들의 경우 이렇게 하면 정해진 시간에 먹이가 나올 때보다 더 열심히 지렛대를 누른다. 언제 빈둥거려야 할지 모르기 때문이다.

세 번째 유형은 시간이 아닌 횟수에 따라 보상하는 방법으로 '고정 비율 계획'이라고 부른다. 예를 들어, 지렛대를 20회 누르면 한 번 먹이가 나오도록 하는 식이다. 사람에 비유하면 프로젝트 단위로

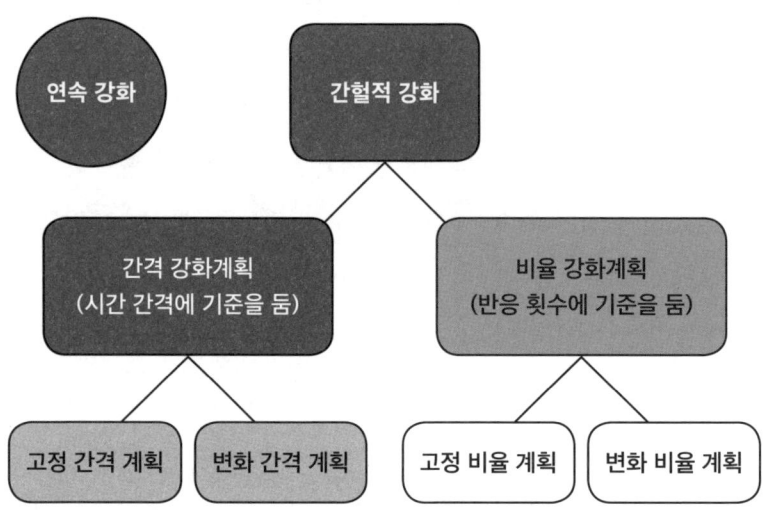

일이 끝나면 보수를 받는 계약직, 프리랜서와 비슷하다.

　이런 조건에서 쥐들은 앞의 두 조건보다 더 열심히 지렛대를 눌러댄다. 게다가 보상이 중단돼도 행동이 계속되는 경향도 더 강력하다. 대부분 회사에서 시행하는 성과급 제도는 이 세 번째 방법을 첫 번째 방법과 혼용한 셈이다.

　마지막 유형은 '변화 비율 계획'이다. 세 번째 유형의 변형으로 확률에 따라 보상을 주는 방법이다. 위의 예로 비유하면, 지렛대를 누를 때마다 매번 1/20 확률로 먹이가 나오게 하는 것이다. 이 보상 방법이 가장 효과가 좋다.

이 방식은 급여 체계보다 도박과 비슷하다. 이 방법을 활용하면 보상 확률이 낮아도 효과는 줄지 않고 오히려 더 강력해진다. 1/10 확률로 주는 보상보다는 1/50 확률로 보상을 줄 때 쥐들은 더 열심히 지렛대를 눌러대며, 보상을 중단해도 지렛대 누르기를 포기하지 않고 더 오래 계속한다.

해야 할 일을 꾸준히 하는 사람들의 비밀

스키너의 강화계획이 우리에게 의미하는 바는 무엇일까?

첫 번째는 내적인 보상을 찾아야 한다는 점이다. 행동이 계속되려면 반드시 보상이 필요하며, 즉시 주어지는 보상일수록 효과가 크다는 사실을 기억해보자. 운동의 보상을 '근력 향상'이라고 생각하면 그 운동을 계속하기 어렵다. 근력은 운동을 한참 한 뒤에나 생기기 때문이다. 정말 운동을 계속하고 싶다면 운동 직후에 얻을 수 있는 내적 보상을 찾아야 한다. 뿌듯함, 만족감, 내가 오늘 이 30분은 충실하게 보냈다는 작은 자부심 같은 것들 말이다. 하지만 이런 보상은 너무 작기에 매번 느껴지진 않는다. 그래도 좋다. 간헐적 보상이 더 효과적이니까.

이렇게 내면의 만족감을 보상으로 여기면 다른 이득도 얻는데, 자기 내면의 목소리에 집중하는 법을 배운다는 점이다. 이 세상에서 가장 중요한 존재인 자기 자신이 뭘 좋아하고, 어떨 때 무엇에 기뻐하는지 알게 된다. 그리고 자신을 알수록 더 명확한 판단을 내릴 수 있다. 나에게 뭐가 좋은지는 나만이 알 수 있기 때문이다.

밖이 아닌 내면에서 보상을 찾으면 이는 남이 빼앗을 수 없고, 내가 통제할 수도 있다. 남들의 반응과 상관없이 꾸준히 자기 일을 하는 사람들은 대부분 이런 내적 보상을 찾아낸 사람들이다(물론 이는 개인 차원의 문제다. 사장이 직원에게 월급을 주지 않으면서 내적인 보상을 찾으라고 한다면 그 사람은 사장 자격이 없다).

두 번째로, 실패한 노력을 시간 낭비라 여기는 사람이 많다. 그러나 스키너는 그렇지 않다고 말한다. 인류는 성공뿐만 아니라 실패에서도 동기를 이끌어 낼 수 있었기에 생존하고 번영했다.

과거 선조들이 사냥을 떠날 때, 이번 사냥이 성공할지 미리 알 수 있었을까? 어떤 경우에는 빈손으로 돌아와야 했고, 심지어 일행 중 누군가가 다치거나 죽기도 했다. 그럼에도 그들은 포기하지 않고 사냥을 계속했다.

과학과 문명이 발전한 현대 사회에서도 실패의 가능성은 늘 존재한다. 낯선 사람을 만날 때, 그 사람과 좋은 친구가 될지 혹은 서로를 미워하게 될지 알 수 없다. 새로운 일을 시작할 때, 그 일이 성공할지 아니면 참담한 실패로 끝날지는 아무도 모른다. 물론 노력과 능력에 따라서 원하는 결과를 얻어낼 확률을 높일 수는 있지만, 언제나 예측 못한 변수는 남아 있다.

실패가 없는 세상, 모든 노력이 보상받고 성공으로 이어지는 세상은 존재하지 않지만, 만약 그런 세상이 주어진다 해도 우리는 만족하지 못할 것이다. 그런 세상을 스키너의 보상 체계에 비유하자면 모든 바람직한 행동에 매번 보상이 주어지는 연속 강화 계획에 해당한다. 매번 보상을 받다가 한두 번 보상이 끊기면 행동을 멈추는 쥐들처럼, 실패를 경험하지 못하고 성장한 사람은 한두 번의 실패만으로도 쉽게 의욕이 꺾인다.

반면에 많은 노력이 실패로 돌아간 다음에 가끔, 그것도 예측하지 못한 순간에 주어진 성공은 강력한 효과를 발휘한다. 그때의 성취는 단지 기쁨이나 만족감으로 그치는 것이 아니라 앞으로 찾아올 더 많은 실패를 버티는 힘이 된다. 스키너는 이렇게 말했다.

"실패가 항상 실수는 아니다. 그것은 단지 주어진 상황에서 최선을 다한 결과일 수도 있다. 진짜 실수는 시도조차 하지 않는 것이다."

마지막으로 알 수 있는 점은, 모든 보상은 행동한 뒤에 온다는 점이다. 실패든 성공이든 일단 무엇이라도 한 뒤에야 얻을 수 있다. 스키너에 따르면, 모든 학습은 일단 행동한 다음에 시작된다. 잊지 말자. 원대한 생각이나 불타는 열정보다 작은 행동 하나가 훨씬 더 힘이 세다는 것을.

"실패가 항상 실수는 아니다.

그것은 단지 주어진 상황에서 최선을 다한 결과일 수도 있다.

진짜 실수는 시도조차 하지 않는 것이다."

프랭클의 의미 치료

우리는 실패에서도 무언가를 배울 수 있다

프리랜서인 친구의 애인은 전문직인 친구에 비해 직업도 불안정하고 수입도 적어, 둘이 만날 때 주로 친구가 데이트 비용을 낸다. 듣기로는 친구가 가끔 연인에게 용돈까지 준다고 한다. 친구가 연인에게 이용만 당하는 것 아닐까 싶지만, 친구는 연인에게 도움을 주는 자신을 뿌듯해한다. 듣자니 조만간 결혼하기로 한 모양이다. 친구의 연애가 걱정된다. 정말 괜찮은 걸까?

진정한 친구라면 이런 상황에서 친구의 연애를 걱정하는 것은 당연한 일이다. 그러나 당사자가 만족하고 있는 상황에서 뭐라 하기도 어렵다. 친구가 호구처럼 애인에게 이용당하는 걸 그냥 두고만 봐야 할까? 나중에 친구가 배신을 당하거나 크게 상처받으면 어떻게 하지?

의미 치료의 창시자 빅터 프랭클이라면 그래도 괜찮다고 말할 것이다. 당신의 친구는 지금 인생에서 가장 중요한 것을 발견했기 때문이다. 그것은 바로 '의미'다.

내 삶의 의미는
나만이 찾을 수 있다

의미는 왜 중요할까? 현실이 허무하기 때문이다. 이 세상에 태어난 데에는 아무런 이유가 없다. 그냥 태어난 것이다. 그리고 태어나면 반드시 죽는다. 죽은 뒤에는 아무것도 남지 않는다. 아무리 돈이 많아도, 아무리 강력한 권력을 가져도 죽고 나면 모든 것은 사라진다. 남은 이들이 기억해주지 않겠느냐고? 그렇다고 한들, 죽은 당신에게 무슨 소용인가. 적어도 당사자에게 죽음은 모든 것의 완전한 끝이다.

요컨대 우리는 아무런 의미 없이 세상에 던져졌고, 아무런 의미 없이 이 세상을 떠날 것이다. 세상에서 유일하게 확실한 것은 바로 이 사실뿐이다. 그러니 우리는 모두 허무한 존재다.

존재가 허무하다는 것은, 내가 살아가는 동안 찾아내거나 소유한 모든 것도 허무하다는 뜻이다. 친구의 사랑이 오래가지 않을까 걱정이 되는가? 염려하지 마라. 모든 사랑은 언젠가 반드시 끝난다. 친구의 사랑만이 아니라 당신에게 소중한 모든 것들도 어느 순간 허무하게 사라질 것이다. 그때는 친구의 연애가 어떻게 끝날지 따질 필요도 없다. 남보다 일찍 혹은 늦게 끝날 뿐, 결국 끝날 테니까.

그러나 모든 것이 허무하기에 오히려 의미가 필요하다. 거품처럼 사라질 인생에 가치와 의미를 부여할 수 있는 것은 오로지 나 자신뿐이다. 지금 내가 하는 모든 경험에 의미를 부여해야만 거기에 가치가 생긴다. 친구와 당신의 우정에 의미를 부여할 수 있는 사람은 오직 당신과 친구뿐이다. 그리고 의미를 부여한 우정은 실제로 가치가 생긴다. 그렇게 부여한 작은 의미와 가치가 쌓여서 삶을 풍성하게 만드는 것이다.

친구가 사랑 때문에 행복하다면 그것만으로 그 사랑은 의미도, 가치도 있다. 영원한 것만이 의미 있다고 생각하는 것은 거대한 착각이다. 의미의 가치는 지속성으로 따질 수 없다. 남이 부여해줄 수 있는 것도 아니다. 삶의 의미는 스스로 찾아야 한다.

상황을 받아들이는 태도가
모든 걸 결정한다

프랭클에 따르면 인생은 목표 달성에 성공했는지 실패했는지, 그리고 그 경험에서 의미를 찾았는지, 못 찾았는지에 따라 나뉜다. 친구의 연애를 이 네 가지 유형으로 나누어 따져보자.

삶의 네 가지 유형

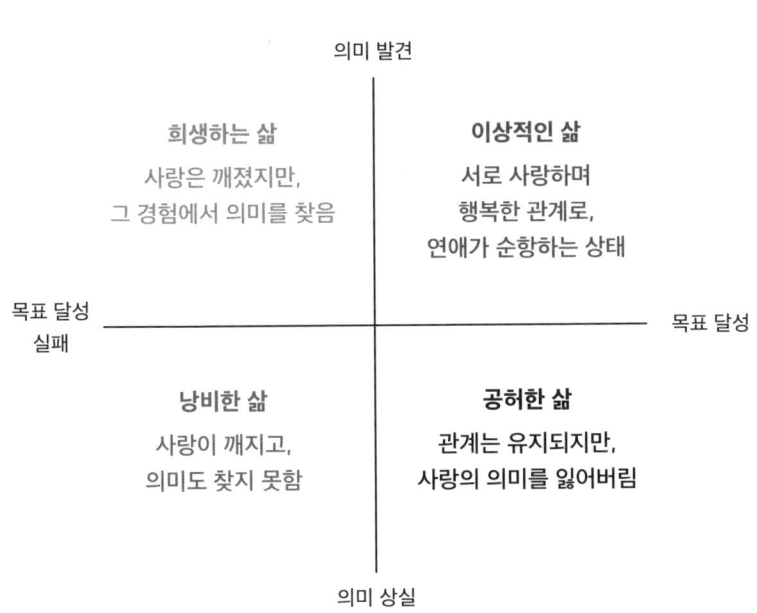

첫 번째는 우려와 달리 친구의 사랑이 순항하는 경우로, 가장 이상적인 상태다. 프랭클은 이 유형을 '이상적인 삶'이라고 봤다. 적어도 지금 이 순간, 당신의 친구는 이 상태에 있다. 그러나 앞으로도 계속 그럴 수 있을까? 당신이 친구의 미래를 걱정하는 이유는 바로 그 때문이다.

두 번째는, 연인은 그대로인데 친구의 사랑이 식은 경우다. 그럴 가능성은 별로 없어 보이지만, 목표 달성에 성공은 했는데 거기서 아무 의미를 발견하지 못하게 된 상태라고 할 수 있다. 프랭클은 이를 '공허한 삶'이라고 말했다.

아마도 친구가 연애하기 전 상태가 이에 가까웠을지 모른다. 경제적으로 성공은 했으나 그 성공을 함께 누릴 누군가가 없어 공허했던 삶에 의미를 제공한 것이 지금의 사랑일 테니까.

그렇다면 사랑도 깨지고, 의미도 찾지 못하면 어떻게 될까? 깨져버린 사랑을 참혹한 실패로 규정하고 거기서 아무런 의미도 찾지 못한다면, 그동안의 연애는 그저 아무것도 남지 않은 참혹한 실패일 뿐이다. 프랭클의 분류에 따르면, 이는 '낭비한 삶'이다. 최악의 결과다.

그런데 만약 친구가 깨진 연애에서도 의미를 찾을 수 있다면? 그러면 그 사랑은 그저 실패만은 아니게 된다. 애인이 친구를 이용만 하고 버렸다고 할지라도, 친구가 사랑하는 사람에게 뭔가 해줄 수 있었다는 것만으로 충분히 행복했다면 완전한 실패는 아니다. 프랭클은 이를 '희생하는 삶'으로 분류했다.

친구의 연애는 어떻게 끝날까? 그건 아무도 모른다. 둘이 결혼하여 백년해로할 수도 있고, 친구가 경제적, 정서적으로 이용만 당하고 헤어질 수도 있다. 심지어 지금의 사랑이 진심이라고 해도 어떤 이유로든 깨질 수 있는 것이 사랑이다. 반대로 그저 친구의 경제력 때문에 사귀던 애인의 마음도 어느 순간 진정한 사랑으로 바뀔 수 있다. 성공적인 결과를 위해 노력할 수는 있지만, 성공과 실패는 본인이 결정할 수 없는 문제다.

그러나 의미는 누구나 부여할 수 있다. 의미를 부여할 것들도 많다. 결말과 상관없이 사랑하는 동안 외로움과 공허함에서 벗어날 수 있었다는 것도 의미가 된다. 서로 다른 사람이 만나 이전에 몰랐던 새로운 세상을 알게 된 것에도 의미를 부여할 수 있다. 내가 가진 돈이 소중한 누군가에게 도움이 될 수 있었다는 사실에도 큰 의미가 있다.

당신은 친구의 연애에 개입할 권리가 없다. 개입해서 결과가 바뀐다는 보장도 없다. 그러나 연애의 결과로 친구가 힘들어한다면 그를 위로하고 친구가 의미를 찾도록 도울 수는 있다. 이것이 의미 치료의 핵심 원리다. 프랭클은 이렇게 말했다.

"인간에게서 모든 것을 박탈해도 빼앗을 수 없는 자유가 하나 있

"인간에게서 모든 것을 박탈해도
빼앗을 수 없는 자유가 하나 있다.
바로 그 상황을 어떻게 받아들일지 선택할 자유다.
왜 살아야 하는지 아는 사람은
그 어떤 상황도 견딜 수 있다."

다. 바로 그 상황을 어떻게 받아들일지 선택할 자유다. 왜 살아야 하는지 아는 사람은 그 어떤 상황도 견딜 수 있다."

의미를 발견할 자유

프랭클은 1905년 오스트리아에서 태어났다. 그는 빈 의대에서 의학박사 학위를 받은 후, 신경과와 정신과 의사로 일하면서 우울증과 자살에 대해 연구했다.

1930년대 후반, 독일과 오스트리아에 불어닥친 나치즘의 광풍은 유대인인 그의 삶을 빼앗기 시작했다. 그는 병원에서 쫓겨나 수용소에 갇혔지만, 그곳에서도 수용자들을 대상으로 정신건강치료소를 운영하고 연차보고서를 작성했다.

전쟁이 끝나기 전까지 프랭클의 가족은 아우슈비츠를 비롯한 여러 수용소로 끌려다녔고, 그 과정에서 아내와 부모를 비롯한 대부분의 친지를 잃었다. 하지만 최악의 상황 속에서도 그는 그곳이 인간의 존엄성을 실험하고 확인할 수 있는 실험 장소라고 여겼고, 의사 출신이었던 덕분에 의무실에서 근무하며 자신이 치료하는 환자들의 임상 사례를 꾸준히 기록할 수 있었다. 그 과정에서 프랭클은 의미의 중요성을 발견했다. 그는 이렇게 말했다.

"만약 어떤 수용자가 이 끔찍한 유대인수용소의 현실을 더 이상 감당할 수 없다고 느낀다고 해도, 그는 자신의 정신세계에서 탈출구를 찾을 수 있다. 아무리 잔혹한 간수들이라고 해도 그 세계는 파괴할 수 없다."

1946년, 그는 자신의 경험과 의미 치료 기법의 원리를 담은《죽음의 수용소에서》를 썼고, 이 책이 미국에서 베스트셀러가 되면서 의미 치료 기법이 인기를 얻기 시작했다. 의미 치료의 기본 원칙은 다음과 같다.

① 아무리 비참한 상황에 처해도 우리의 삶은 의미 있다.
② 가장 기본적인 생존 욕구는 삶에서 의미를 찾고자 하는 의지다.
③ 우리에게는 우리가 경험하는 것에서 의미를 찾아낼 자유가 있다. 심지어 어찌할 수 없는 고난 앞에서도 그 고난을 대하는 태도를 결정할 자유가 있다.

누군가는 의미 치료가 자기기만과 비슷하다고 여길 수도 있다. 애인에게 이용만 당하고 버림받았다는 명확한 사실을 합리화하는 게 과연 친구에게 도움이 될까?

의미란 현실을 왜곡해서 찾아내는 것이 아니다. 의미를 찾으려면 내가 처한 현실의 좋은 면과 나쁜 면을 모두 인정해야 한다. 있는 그대로의 현실에서 찾아낸 의미가 진짜 의미다.

그뿐만 아니라 현실을 직시해야 성장할 수 있다. 깨진 연애도 현실로 온전히 받아들여야 다음 연애를 할 때 좀 더 현명하고 성숙해질 수 있다. 반면에 자신이 그저 호구 잡혔을 뿐이라고 결론지을수록 이후 당신이 제대로 연애를 할 가능성은 줄어든다. 과거로부터 구체적으로 배운 것이 아무것도 없기 때문이다. 살면서 겪는 모든 일을 이익과 손해로만 계산할 때, 우리는 경험의 의미를 발견할 기회를 잃어버린다.

막다른 골목에 몰려도 그 상황을 해석하고 의미를 부여하는 방법을 달리함으로써 상황을 반전의 계기로 삼을 수도 있다는 프랭클의 주장은, 절망에 빠진 모두에게 희망을 제공한다. 죽음이 가득한 집단학살 수용소에서도 삶의 의미를 찾을 수 있다면, 지금 나도 그럴 수 있지 않을까?

그러니 친구를 걱정하기보다는, 그저 친구가 이 연애에 마음껏 몰입하기를 응원해주자. 상처만 남은들 어떤가. 의미를 찾을 수 있다면 그 경험은 실패가 아니다.

아들러의 열등감 이론

부족하고 나약하기에 오히려 더 나은 사람이 될 수 있다

나쁘지 않은 대학을 나온 나는 지금 취업 준비 중이다. 어릴 적부터 부족함 없이 자랐고, 필요한 것은 언제나 부모님이 다 준비해주셨다. 일반 학원뿐 아니라 예체능 학원도 많이 다니며 다양한 활동을 경험했고, 해마다 여러 나라를 여행하며 견문도 넓혔다. 그런데 이상하게 나에게는 무슨 일이든 잘 해낼 수 있다는 자신감이 없다. 무엇이 문제일까?

부족할 것 없이 자란 이 사람의 문제는 무엇일까? 어쩌면 '부족함의 경험'이 부족했을지 모른다. 이 부족함의 경험이 우리에게 어떤 영향을 미치는지에 대해서 처음으로 주목한 심리학자가 바로 알프레드 아들러다.

그는 이 부족함에 대한 경험을 '열등감'이라고 정의하면서, 열등감이야말로 삶에 반드시 필요한 요소라고 봤다. 그 이유는 아마도 아들러의 성장 배경에서 찾을 수 있을 것이다.

아들러는 1870년 오스트리아에서 태어났다. 그가 처음 열등감을 느꼈던 상대는 그의 형이었던 듯하다. 하필 형의 이름이 (프로이트와 같은) '지그문트'였다. 형은 아들러보다 키도 크고 운동도 잘했으며 학교 성적도, 인기도 좋았다. 반면에 아들러는 태어날 때부터 몸이 약했고, 구루병에 시달려 키도 작고 운동도 못했으며, 심지어 폐렴에 걸려 죽음 직전까지 간 적도 있었다.

그는 늘 죽음을 두려워했다. 그 때문에 의사가 되기로 결심했는데, 죽음을 극복할 수 있는 유일한 방법이 의학이라고 생각했기 때문이다. 그렇게 의학을 공부하다가 정신의학 분야에 관심을 가졌고 프로이트를 만나 자신의 재능을 발휘하기 시작해, 프로이트 학파 중 가장 유명한 정신분석학자로 인정을 받았다.

그러나 아들러는 프로이트와 결정적 견해 차이로 결별했다. 성욕(리비도)이 인간을 움직이는 기본 에너지라고 보았던 프로이트와는 달리, 아들러는 인간이 가진 가장 근본적인 욕구는 사회적 욕구, 그중에서도 열등감을 극복하고 남들보다 우월해지려는 욕구라고 봤기 때문이다.

"인간이 된다는 것은 곧 열등감을 품게 된다는 뜻이다"라는 그의 말은 이런 주장을 대표하는 문장이다. 그는 자신의 이론을 '개인심리학'이라고 부르면서, 프로이트의 정신분석학파로부터 완전히 독립했다.

프로이트나 융과는 달리 아들러는 의식적인 노력을 중요하게 여겼다. 아들러가 보기에 우리가 노력하는 이유는 무의식 속의 성욕 때문이 아니었다. 이전의 나보다 더 나은 내가 되려는 마음은, 건강한 인간이라면 당연히 가지는 욕구일 뿐이었다.

열등감은 단순히 '부족하다는 느낌'이 아니다

아들러가 열등감의 가치에 눈을 뜬 계기는, 동네에 순회공연을 온 서커스단 덕분이었다. 위험한 공연을 하는 단원들은 종종 부상을 입었고, 이를 치료하기 위해 아들러의 병원을 방문했다.

아들러는 서커스단 단원들을 치료하던 중 그들이 가진 장기들이 각자 어린 시절의 열등감과 관련돼 있음을 발견했다. 어릴 적 힘이 약해 놀림받던 아이는 어른이 돼 서커스단에서 천하장사 캐릭터가 됐고, 높은 곳을 두려워하던 아이가 공중그네 선수가 됐다. 열등감 덕분에 인생의 방향이 결정된 사람은 아들러 자신만이 아니었다.

아들러는 서커스단 단원들을 치료하던 중
그들이 가진 장기들이 각자 어린 시절의
열등감과 관련돼 있음을 발견했다.
어릴 적 힘이 약해 놀림받던 아이는
어른이 돼 서커스단에서 천하장사 캐릭터가 됐고,
높은 곳을 두려워하던 아이가 공중그네 선수가 됐다.
열등감 덕분에 인생의 방향이 결정된 사람은
아들러 자신만이 아니었다.

그는 이후 열등감의 본질에 대해 더 깊이 파고들었다. 열등감이란 단순히 내가 남보다 부족하다는 느낌만이 아니다. 내가 원하는 것을 얻지 못하고, 하고 싶은 일을 하지 못할 때 느끼는 좌절감도 열등감이다. 무리에 섞이지 못해 아웃사이더가 됐을 때나, 가까워지고 싶었던 사람에게 받아들여지지 않았을 때 느끼는 서러움, 남들에게 미움을 받거나 괴롭힘을 당할 때 느끼는 공포감과 분노도 넓은 의미에서 열등감에 속했다. 이런 경험은 내가 어딘가 부족하거나 약하기 때문에 벌어지는 일이기 때문이다.

그러므로 열등감이란, 내가 세상에서 생존할 가능성이 낮아지고 있음을 알리는 위험 신호이기에 단순히 참고 넘기면 되는 감정이 아닌 목숨이 걸린 문제였다. 그런 맥락에서 아들러는 이렇게 말했다.

"사람들은 자기 약점을 보완하기 위해서 성장한다. 병약하던 사람이 보디빌더나 무술가가 되고, 언어장애가 있던 사람이 언어학자나 아나운서가 된다. 우리는 모두 어린 시절에 어른에 비해 열등한 자신을 경험했다. 아이는 아이로서의 열등감을 보상하기 위해서 성인이 된다."

진정으로 열등감에서
자유로워지는 방법

문제는 열등감을 보상하는 방식이다. 우리는 각자 경험이나 능력, 주변 여건이 다르다. 누군가에겐 쉽게 해결할 수 있는 열등감이 누군가에겐 거의 해결 불가능한 것일 수도 있다. 따라서 열등감을 보상하거나 해결하는 방식은 서로 다를 수밖에 없다. 그리고 열등감을 보상하는 방식에 따라서 그 사람의 인생이 결정된다. 아들러는 이를 '생활양식(Style of Life)'이라고 불렀다. 생활양식은 크게 두 축으로 구성된다.

첫 번째 축은 '활동 수준(적극성)'이다. 어떤 사람은 열등감을 적극적으로 보상하려 들고, 어떤 사람은 수동적으로 어딘가에 의지해 보상하려 한다.

두 번째 축은 '사회적 관심'이다. 사회적 관심이 높은 사람은 타인이나 공동체도 고려하지만, 사회적 관심이 낮은 사람은 이기적으로 자기만 중시한다. 이는 열등감 앞에서, 열등감을 숨기느냐 드러내느냐의 문제를 결정한다. 사회적 관심이 낮은 사람일수록 자신의 열등함을 수치스럽게 여기고 숨기려 든다.

열등감을 적극적으로 부정하는 사람을 '지배형'이라 부르는데, 이들에게 열등감을 극복한다는 것은, 열등감을 우월감으로 대체한

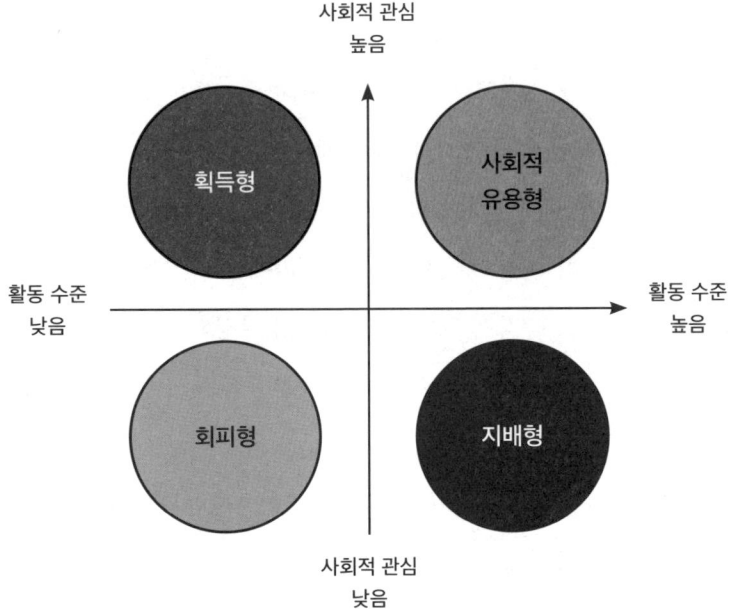

다는 의미다. 이를 위해서는 열등감을 유발하는 상대를 제압해야 한다. 그것이 자신이 우월해지는 방법이기 때문이다.

이들은 상대방의 약점, 열등한 요소를 찾아내 그것을 빌미로 상대를 열등하게 여김으로써 우월감을 느낀다. 또 누군가 자신의 잘못을 지적하거나 의문을 제기하는 것을 용납하지 못한다. 그들은 내가 숨기고 싶어 하는 열등감을 들춰내려는 적이기 때문이다.

이렇게 공격적으로 도전하다 보니 성취를 이루어낼 수도 있다. 그러나 결국에는 적을 많이 만들고, 독선과 아집에 빠질 가능성이 높다. 그래서 아들러는 "남을 함부로 대하는 사람은 사실 자신의 우월성을 인정받기 위해 발버둥 치고 있는 것"이라고 말하기도 했다. 갑질을 일삼는 사람들이 이 유형에 해당하는데, 말하자면 갑질이란 그들이 부정하고 숨기려는 열등감의 표현인 것이다.

열등감을 수동적으로 부정하는 사람들도 있다. 이들은 열등감을 느낄 기회를 외면하고 회피한다. 남과 비교되거나 경쟁해야 하는 상황을 아예 피하면 열등감을 인정해야 할 일도 없다. 그러니 실패할 가능성이 있는 새로운 시도나 도전도 최소한으로 줄인다. 내가 남들만큼은 한다고 확신할 수 있는 것들만 계속하려 든다.

낯선 사람을 만나는 것도 위험하다. 얻을 것은 확실하지 않은데 열등감을 느낄 가능성은 높기 때문이다. 그래서 실패할 위험을 피하다 보니 성장할 기회를 놓치고 인생 자체가 쪼그라든다. 아들러에 따르면 이런 사람들은 '회피형'이다.

열등감을 인정하는 사람 중 수동적인 사람은 어떻게 살까? 자신은 열등하니까 나보다 우월한 사람을 찾는다. 그리고 거기에 온전히 나를 의탁하려 든다. 어릴 적에는 부모가 그런 존재였고, 나중에는 선배나 상사 혹은 배우자를 그런 상대로 삼는다.

이들은 원하는 것만 얻을 수 있다면 남이 시키는 대로 하면서 만족한다. 겉으로는 착하고 순종적이며, 갈등을 피하려고 하니까 별문제 없이 공동체 생활을 한다. 그러나 이들이 앞에서 소개한 지배형 인간과 엮이면 착취당하는 피해자로 전락하기 쉽다. 아들러는 이들을 '획득형'이라고 불렀다.

마지막으로 열등감을 인정하고 받아들인 후에 적극적으로 자기 할 일을 찾는 사람들이 있다. '사회적 유용형'이 그런 사람들로, 이들은 서로 돕고 도움받으며 함께 잘 지내려고 한다. 자신의 열등감을 인정하면 타인의 부족함도 받아들이기 쉽다. 누구에게나 약하고 부족한 점이 있기에 서로 도울 수 있고 도와야 한다고 믿는다. 그래서 적극적으로 남에게 호의를 베풀고 서로 의지할 기회를 만든다. 이들은 주는 것과 받는 것, 의무와 권리 사이의 균형을 유지하며 건강한 공동체인으로 지낸다.

아들러에 따르면 이 유형이야말로 열등감을 완전히 채워 넣은 사람이다. 열등감을 더 이상 극복하거나 보상이 필요한 대상으로 느끼지 않을 때야말로 진정 열등감으로부터 자유로워진 것이기 때문이다.

강한 멘탈은
어떻게 만들어질까

아들러의 열등감 이론이 의미하는 바는 무엇일까? 우리는 스스로 부족함을 느낄 때 그것을 보완하기 위해 노력하며, 그 노력이 성장의 밑바탕이 된다는 것이다.

이 이론은 돈만 있으면 어떤 부족함이든 채울 수 있다는 믿음에 반대한다. 내가 번 돈으로 그동안 하지 못했던 것을 할 수 있다면 그것은 노력을 통한 보상이고 성장일 수 있다. 그러나 단순히 돈을 지불해 얻은 물건이나 경험 자체가 부족함이나 열등감을 채워줄 순 없다. 부족함을 자신의 노력으로 채워나가는 경험을 통해서만 진짜 내 것을 소유할 수 있다. 그렇게 얻은 것을 '자기효능감'이라고 부른다.

자기효능감이란, 어떤 상황에서도 적절하게 행동하며 해낼 수 있다는 믿음이다. 이렇게 생긴 믿음이 차곡차곡 쌓여 확신이 되면, 앞으로 만날 수많은 시련 앞에서도 내 삶을 지탱할 수 있다는 든든한 기초를 다질 수 있다.

어린 시절부터 부족함이 없이 풍족하게 자라난 사람들이 오히려 어른이 돼서 별다른 성취를 하지 못하는 반면, 어린 시절 위기를 겪고 어려운 환경에서 자라난 사람들이 이후 더 많은 성공을 거두는 사례들을 보면 아들러의 이론이 어느 정도 일리가 있다는 점을 알게 된다.

하지만 아들러의 이론에도 한계는 있다. 바로 열등감의 힘을 지나치게 강조했다는 점이다. 그는 "재능 같은 것은 존재하지 않는다. 오직 압박만이 있을 뿐이다"라고까지 말했지만, 재능의 역할을 결코 무시할 수는 없다. 열등감을 극복할 방법은 자기가 가진 재능 속에서 발견해야 하기 때문이다.

그럼에도 불구하고 열등감이 성장의 에너지원이 된다는 그의 이론은 우리 같은 보통 사람들에게 위로가 된다. 특히 죽을 때까지 비교하고 평가하며 서로에게 열등감을 끊임없이 공급하는 한국 사회에서 살아가야 하는 우리에게 아들러의 이론은 그 풍부한 열등감의 생산적 사용 설명서라고 할 수 있다.

아들러에 따르면 강한 멘탈은 결함이 없는 삶이나 물질적 풍요에서 나오는 것이 아니라, 열등감과 부족함을 경험하고 이를 스스로 극복해본 경험에서 나온다. 따라서 자신감을 키우고 싶다면 자신의 부족함이나 열등감을 뼈저리게 느끼고, 이를 스스로 극복해가는 경험을 쌓아야 할 것이다.

3장

Anna Freud
Carl Gustav Jung
Alfred Adler
Aaron Temkin Beck

알고 있는
문제는
더 이상 문제가
아니다

레빈의 장 이론

모이기만 하면 다른 사람에 대해 이야기하는 이유

새로 구성된 팀원들끼리 회식을 마치고 돌아온 당신은 기분이 복잡하다. 팀원들과 나눈 대화 대부분이 그 자리에 참석하지 않은 A에 대한 이야기였기 때문이다. '이래서 회식 자리에는 꼭 참석해야 하는구나'라는 교훈과 함께 의문이 들기 시작했다. '내가 이렇게 남 이야기하는 걸 좋아했나?' 물론 그날 A에 대한 험담은 거의 없었다. 하지만 평소에 별 관심도 없던 사람에 대해 자신이 왜 그리 많은 이야기를 했는지 이해할 수 없다. 그래도 어쨌거나 회식 덕분에 새로운 팀원들과는 훨씬 편해진 것 같다.

왜 당신은 평소에 관심도 없던 타인에 관해 한참을 이야기한 것일까? 당신이 남에 대해 험담하기를 좋아하는 성격이어서는 아니다. 단지 회식이라는 자리가 그곳에 없는 사람에 관해 이야기하기 가장 편안한 형태였을 뿐이다. 쿠르트 레빈의 '장 이론(Field Theory)'이 바로 그런 상황에 대한 설명이다.

모든 인간에게는
각자의 N극과 S극이 있다

레빈은 의학과 생물학을 공부하다 1900년대 초, 베를린 대학에서 심리학으로 박사학위를 받은 최초의 사회심리학자 중 한 명이다. 지금도 많은 직장과 훈련연수원에서 프로그램으로 사용하는 '감수성 훈련'을 개발하고, 리더십과 집단 역동 연구를 처음 시작한 사람이기도 하다.

하지만 정통심리학계에서는 그를 '위상심리학'의 창시자로 기억한다. 위상심리학이란 "행동은 사람과 환경의 함수다"라는 그의 말로 대표되는 심리학이다. 다시 말해, 어떤 사람의 개인적 특성과 그 사람을 둘러싼 환경을 알면 그 사람이 어떤 행동을 할지 예측할 수 있다는 뜻이다.

당연한 이야기처럼 들리지만, 위상심리학은 한 인간을 둘러싼 환경을 밀고 당기는 힘의 크기로 환산해서 하나의 방정식에 넣어 계산할 수 있다는 점에서 특별하다. 예를 들어, 내 주변에 존재하는 어떤 대상은 나를 끌어당긴다. 즉, 그 대상에 관한 행동을 하게 만든다. 반면 어떤 대상은 나를 밀쳐낸다. 다시 말해, 나는 그 대상을 피하거나 멀리하려고 한다. 내 주변에는 이렇게 나를 밀어내는 대상과 끌어당기는 대상, 그리고 밀고 끌기를 함께하는 대상들이 존재한다. 나는 그 밀고 당기는 힘에 따라서 움직인다.

레빈이 본 인간의 심리는 자기장 속에서 자석들이 서로에게 영향을 미치는 모습과 비슷했다. 인간은 자성을 지닌 쇠 구슬이고, 인간 주변에는 끌어당기고 밀어내는 자석들이 널려 있는 셈이다. 물론 어떤 것이 끌어당기는 자석이고 밀어내는 자석인지는 각자 다르다. 즉, 모든 인간에게는 각자의 N극과 S극이 있는 것이다.

사람의 마음을 움직이는 리더의 조건

다시 앞의 사례로 돌아가 보자. 회식에 참석한 사람들은 서로에 대한 이야기를 나누기에는 편하지 않은 관계였을 것이다. 이제 막 친밀감을 쌓아가려는 단계이니, 성급하게 친해지려다가 오히려 어색해지면 어쩌나 걱정도 됐을 것이다. 그렇다고 데면데면하게 있을 수도 없다. 서로 친해지고 싶어서 바쁜 시간을 쪼개서 나온 자리가 아 닌가.

즉, 회식에 참석한 사람들 간의 심리학적 자기장은 상대방에게 가까이 다가가고 싶지만 그렇다고 너무 가까이 가게 될까 봐 두려운, 밀고 당기는 힘이 팽팽한 상태였다. 이렇게 팽팽한 상태에서는, 균형을 깰 수 있는 대상이라면 그게 무엇이든 끌어당길 수 있다.

회식 자리에서는 그 대상이 부재중인 A였다. 그가 자리에 없으니 그에 대한 이야기를 해도 A와 어색해질 위험이 없다. 또 참석자 모두는 A에 관해 알고 있다. 따라서 그에 관해 이야기하면서 참석자들은 공감대를 형성할 수 있었고, A는 모르는 참석자들만의 경험을 공유하며 동지의식까지 만들 수 있었다.

결국 참석자들은 원래 회식의 목표였던 친밀감을 형성하는 데 성공했다. 회식이 성공적으로 진행되니 모두 기쁘고 만족스러웠을 것이다. 이 만족스러움은 A에 대한 뒷이야기에서 온 것이 아니라 회식의 목표를 달성한 데서 온 것이다.

실제 이런 경우는 주변에서 많이 볼 수 있다. 어색한 미팅 자리에서 진행자가 엉뚱한 농담이나 실수를 저지르는 바람에 오히려 참석자들이 긴장을 풀고 편안하게 이야기를 나누었던 경험이 있지 않은가. 혹은 서로 좋아하지만 아직 어색한 두 사람이 데이트 초반에 타로점을 보거나 낯선 이들로 가득한 공연장이나 놀이공원에 가면 전보다 훨씬 편해지는 경험은 어떤가. 낯선 존재가 두 사람을 더 가까워지도록 밀어주는 자석 역할을 한 것이다.

흔히 분위기 메이커라 불리는 사람들은 집단에서 이런 힘의 균형을 긍정적인 방향으로 깨트리는 기술이나 역량을 가지고 있다. 물론 고급 기술자일수록 누군가를 놀림감으로 만들어서 분위기를 띄우기보다는, 자기 자신을 웃음거리로 만들거나 농담 소재로 만들어서 무해한 웃음과 공감대 형성의 기회를 만든다. 그리고 이런 분위기 메이킹 기술이 카리스마와 같은 몇 가지 다른 요소와 결합하면 리더십이 된다. 레빈이 보기에 사람들이 따르는 리더는 강력한 권위를 갖춘 사람이 아닌 집단 구성원들의 심리적 자기장을 한 방향으로 모을 수 있는 사람이었다.

우리가 마음속으로
갈등하는 이유

심리적 자기장이 사람과 사람 사이에만 있는 것은 아니다. 각자의 마음속에도 자기장이 작용한다. 레빈은 이것이 갈등의 근본이라고 보고, 갈등에 관해 다음과 같이 설명했다.

접근-접근 갈등

어떤 두 가지 대상이 모두 나를 끌어당기지만, 한 가지 행동만 할 수 있는 상황이다. 이때는 둘 중 나를 더 강하게 끌어당기는 쪽을 선택하고 행동하게 된다. 문제는 양쪽의 끌어당기는 힘이 비슷할 때다. 이럴 때 우리는 고민에 빠진다. 짬뽕과 짜장면, 서로 비슷한 수준의 매력으로 끌어당기는 음식 사이에서 고민하는 손님들을 위해 만들어진 '짬짜면'은 이런 접근-접근 갈등의 좋은 해결책이다.

물론 이렇게 쉽게 해결되지 않는 갈등이 더 많다. 이것을 살까, 저것을 살까 고민하다가 아무것도 못 사거나 느닷없이 고려 대상도 아니었던 생뚱맞은 물건을 구매한 경험이 있다면 이 갈등에 빠져 실수를 저지른 것이다.

회피-회피 갈등

하고 싶은 것은 없고, 하기 싫은 것들만 양쪽에서 나를 압박하는 경우다. 마치 N극 자석을 가운데 놓고 양쪽에서 같은 N극으로 압박하는 것과 같은 상황이다. 이 경우, 상대적으로 덜 하기 싫은 것을 한다.

공부하기 전에 갑자기 청소가 하고 싶어진 적이 있지 않은가? 평소라면 둘 다 하기 싫을 텐데, 공부라는 더 하기 싫은 일이 다가오니

그나마 덜 하기 싫은 청소로 도망치는 것이다.

물론 이는 그나마 건강한 결말이다. 양쪽의 미는 힘이 비슷하면 같은 극 자석에 밀려 튀어 나가듯 둘 중 어느 쪽도 아닌 전혀 엉뚱한 제3의 길을 선택하기도 한다. 위의 예에서라면, 청소나 공부 같은 당면한 과제를 하는 대신 유튜브 쇼츠 시청처럼 전혀 다른 곳으로 회피하는 것이다. 안타깝게도 많은 이의 일상이 이에 해당한다.

접근-회피 갈등

끌리기도 하면서 밀쳐내고 싶기도 한 갈등이다. 맛있는 아이스크림을 먹고 싶지만 살이 찌는 것은 싫다거나, 반해버린 이성에게 다가가고 싶으나 거절당할까 봐 두렵다면 이 갈등에 해당한다. 우리가 살면서 겪는 대부분의 고민은 여기에 해당한다. 100% 싫거나 좋은 일보다는 둘이 뒤섞인 경우가 대부분이기 때문이다. '애증'도 이에 해당한다.

다중 접근-회피 갈등

여러 방향에서 접근-회피 갈등이 나를 둘러싼 경우다. 삶의 스트레스와 번뇌는 바로 다중적인 접근-회피 갈등에서 시작된다. 삶은 대부분 이런 갈등으로 점철돼 있고, 우리는 싫지만 외면할 수 없는 일, 가까이 가고 싶지만 지금 당장 그러지 못하는 대상들 사이에서 밀리고 당겨지며 살아간다.

나는 왜 중요한 일을 계속 미룰까?

심리적 자기장을 이해하면 나와 타인의 행동을 좀 더 잘 이해할 수 있다. 지금 엉뚱한 일을 하고 있다면, 내 주변의 어떤 자기장이 나를 그 방향으로 밀어내거나 당기고 있을 것이다. 반대로 내가 어떤 방향으로 움직이려면 주변의 자기장을 그에 맞게 배열해야 한다는 사실도 깨닫게 된다.

지금 중요한 일을 미루고 있다면 이유를 생각해보라. '미루어 둔 중요한 일'은 '반드시 해야 하는 일(+)'이다. 그럼에도 미루고 있다면 '하기 꺼려지는 이유(-)'가 있다. 그 이유를 모르면 미루는 상태에서 벗어나기 어렵다.

나는 일을 해야 하는데 마음이 잡히지 않으면 팔굽혀펴기나 턱걸이를 한다. 운동으로 몸이 힘들어지기 시작하면 마음속에서 '이럴 때가 아니라 저 일을 해야 한다'는 목소리가 들려온다. 결국 운동을 피하려고 일을 하고, 일이 하기 싫어 다시 운동하는 나름의 선순환을 구성하는 셈이다. 물론 이 순환 구조가 늘 작동하지는 않지만, 멈춰 있던 상태에서 벗어나는 데 도움이 되곤 한다.

'일이 인생을 풍부하게 만든다'는 말처럼 허울 좋은 말도 없지만, 달리 보면 이 말은 사실일 수도 있다. 하기 싫은 일이 있어야, 그 일을 제외한 나머지의 삶이 조금 더 즐겁고 멋지게 느껴질 것이기 때문이다.

플랭클의 역설적 의도

노력할수록
일을 망치는 사람

새해를 맞을 때마다 다짐했던 결심이 떠오른다. 수영 강습, 영어 학원 등록, 매일 아침 달리기, 첼로 강습까지…. 매번 결심을 지키려 노력했지만 결국 남은 것은 결심의 흔적뿐이다. 결심하고 노력하기는 왜 이렇게 힘들까?

우리는 어릴 적부터 뭔가를 해내려면 노력하라고 배웠다. 그래서 높은 목표를 달성하기 위해서는 더 열심히 노력해야 한다고 생각했다. 그런데 필사적으로 노력할수록 오히려 결과가 더 나빠지는 것 같은 건, 나만의 착각일까? 노력을 안 하느니만 못한 경우도 있을까?

빅터 프랭클에 따르면 노력이 의도한 결과와 정반대로 나타나는 경우가 있다. 그는 이런 현상을 '역설적 의도'라고 불렀다.

실수가 두렵다면
먼저 실수부터 하라

앞서 언급했듯, 프랭클은 의미 치료라는 심리 상담 기법의 창시자로 매우 유능한 심리상담사였다. 그는 환자들이 자기 증상을 완화하고 극복하려는 노력이 오히려 반대로 증세를 악화시키거나 새로운 증상까지 만들어내는 현상을 자주 발견했다. 그래서 정반대의 치료법을 시도했다. 다시 말해, 환자가 두려워하거나 회피하는 행동을 일부러 더 해보라고 권했다.

이 방법은 의외로 효과적이었다. 환자가 자기를 괴롭히던 증상을 피하지 않고 오히려 적극적으로 경험하려고 들자 증상이 완화되거나 사라지기까지 한 것이다.

역설적 의도를 적용한 대표적인 증상은 불면증이었다. 불면증 환자는 '빨리 자야 한다'는 강박이 커질수록 불안해지고, 결국 잠을 이루기 어려워진다. 불면증에 대한 역설적 의도 기법은 아주 단순하다. 오늘 밤에는 불을 끄고 침대에 눕되, 최대한 자지 않고 버티기로 하는 것이다. 이제 불면은 피해야 할 증상이 아니라 달성해야 할 목표로 바뀐다. 아이러니하게도 이렇게 잠을 피하려던 환자들은 어느새 잠들어버린 자신을 발견하곤 했다. 알다시피 불면증 환자들의 문제는 자야 할 때 못 자는데, 자면 안 될 때 잠이 오는 것이다. 이를 뒤집어, 자야 하는 상황을 자면 안 되는 상황으로 바꿈으로써 불면을 치유한 것이다.

사회공포증에 대해서도 이를 적용할 수 있다. 사회공포증 환자들이 두려워하는 것은 사람 그 자체가 아니라, 사람들 앞에서 말을 더듬거나 말실수를 하는 등 부적절한 행동을 하는 상황이다. 문제는 '실수하지 않을까' 하는 걱정이 지나치면 오히려 더 긴장하고 집중력을 잃어 결국 실수하게 된다는 점이다.

여기서 역설적 의도란, 일부러 먼저 실수하는 것이다. '지금 긴장이 돼서 미칠 것 같네요'라고 털어놓거나 자신이 기피하려는 실수를 미리 저질러버리는 방법도 있다. 예를 들어, 긴장할 때마다 말을 더듬는다면 아예 처음부터 일부러 더 심하게 말을 더듬으려 하는 것이다. 그러면 긴장이 풀리고 오히려 실수를 덜하게 된다.

다이어트를 결심한 순간
더욱 먹고 싶어지는 이유

역설적 의도는 어떻게 효과를 발휘하는 걸까? 첫 번째로 긴장과 불안을 감소시킨다. 실제로 역설적 의도가 통하는 증상들은 전부 부적절한 불안이나 긴장으로 인해 유발되는 것들이다.

우리가 불안해지는 이유는 내가 통제할 수 없는 상황이나 결과를 어쩔 수 없이 받아들여야 하기 때문이다. 불면증 환자는 자고 싶은데 못 자니 불안하고, 사회공포증 환자는 자기가 하려는 말이나 행동을 제대로 못 하니 불안하다. 이 기법은 통제할 수 없다고 여겼던 행동의 통제법을 알려준다. 역설적 의도 역시 의도를 실현하는 통제 방법이니 말이다.

물론 역설적 의도를 적용해도 불면증 환자들이 처음부터 잠을 잘 자게 되지는 않는다. 그러나 자려고 했는데 못 자면 통제에 실패한 것이지만, 자지 않으려고 했는데 실제로 깨어 있었다면 통제에 성공한 것이다. 즉, 이 기법으로 당장 잠을 자지 못해도 최소한 '잠을 통제할 수 없어서 생기는 불안'은 줄어든다.

두 번째로는 두려움에 적응하게 해준다. 그토록 피하려고 했던 결과를 의도적으로 맞이하게 함으로써 그 상황에 익숙해지고, 상황이 주는 심리적 충격에 둔감해지게 하는 것이다. 처음에는 무서웠던 영화도 두 번 보면 덜 무서운 것처럼, 두렵거나 힘든 상황도 적당한 수준으로 자주 마주하다 보면 점차 익숙해진다. 그리고 감당할 수 있는 공포나 불안은 더 이상 필사적으로 피해야 할 대상이 아니게 된다.

여기서 중요한 것은 '적당한 수준'이다. 처음부터 심각한 수준의 두려움을 접하면 아예 멘탈이 무너질 수도 있다. 그래서 약한 수준에서부터 시작해 점차 강한 수준의 두려움에 직면하도록 해야 한다.

세 번째, 두려워하던 결과를 경험해 보면 막상 그리 겁낼 일이 아니었음을 깨달을 기회가 생긴다. 예를 들어, 사회공포증 환자들은 남들 앞에서 실수하면 인생이 완전히 끝나는 줄 안다. 그러나 현실의 사람들은 타인에게 그리 관심이 없다. 게다가 누구나 실수한다. 따라서 남의 실수에 대해서도 대개는 대수롭지 않게 넘긴다.

그런데 이들은 실수할 상황 자체를 필사적으로 피하기만 하니, 정작 실제로 실수했을 때 다가오는 현실을 경험하기 어렵다. 역설적 의도는 그런 이들에게 두려워하던 실제 결과를 온전히 체험할 수 있게 해준다. 그 결과, 지금까지 실수의 결과에 대해 비현실적으로 과도하게 부정적인 상상을 해왔다는 것을 알게 한다.

오히려 자기가 긴장해 있고 실수를 할까 봐 두렵다는 이야기를 먼저 꺼내면, 솔직하고 겸손하며 심지어는 용감하다는 평가까지 받는다. 이처럼 역설적 의도를 통해 환자들은 지금까지 피하고자 했던 상황을 객관적으로 이해하게 된다.

마지막으로, 역설적 의도는 의지의 역설을 역이용한다. 의지의 역설이란, 의도적으로 어떤 행동을 하지 않으려고 하면 오히려 더 하게 되는 현상이다. 사람들에게 '코끼리를 생각하지 마'라고 하면 계속 코끼리가 떠오른다. 이처럼 의도와 실제 몸의 반응이 반대로 이루어지는 것이 의지의 역설이다.

역설적 의도는 이를 반대로 적용해서 '코끼리 이외에 다른 것은 절대 떠올리지 말고 코끼리만 생각하기'를 목표로 하는 것이다. 그러면 자꾸 코끼리 말고 다른 것들이 생각나고, 이런 생각들을 지우려고 신경 쓰다 보면 결국 코끼리를 아예 잊게 된다. 긴장하지 않으려고 하면 오히려 더 긴장되고, 특정한 단어를 사용하지 않으려고 노력할수록 머릿속에 그 단어만 떠오르는 경우도 의지의 역설이다. 다이어트를 결심한 순간부터 음식에 대한 갈망이 강렬해지는 것도 그렇다.

열심보다 어려운 것은
평온한 마음으로 매일 행동하는 것

역설적 의도가 의미하는 바는, 의지나 노력이 늘 의도한 결과로 이어지지는 않는다는 사실이다. 특히 당신이 노력하는 이유가 불안이나 강박 때문일 때는 더욱 그렇다.

역설적 의도를 이용한 치료법이 주로 불안감이나 강박적인 생각에 효과적이었음을 돌이켜보자. 잠을 자면 안 된다고 생각하며 침대에 누운 불면증 환자가 잠에 빠지듯, 살을 빼지 않으면 큰일 난다고 생각하며 달려든 다이어트가 요요로 이어지기 쉽다.

물론 강박적이어야 하는 상황도 분명 존재한다. 특히 타인이나 조직을 위해 해야 할 임무를 실수하지 않고 기한 내에 마치기 위해 노력하는 일은 당연하다. 그러나 자기 자신을 위해 해야 할 일을 강박적으로 할 필요는 없다. 무엇이든 반드시 해야 하거나 하면 안 된다고 생각하며, 열의를 불태울수록 실패할 수 있다. 그렇다면 어떻게 해야 할까? 미리 걱정하지 말고 그냥 하면 된다.

운동을 하고 싶다면 그냥 하면 된다. 그거 못한다고 큰일 나지 않는다. 자기 자신에게 너무 큰 기대도 하지 말자. 계획대로 못한다고 구제 불능의 인간이 되는 것도 아니다. 하다 보면 생각처럼 잘하게 될 때도 있지만 그러지 못할 때도 있다. 인간은 원래 그런 존재다.

굳이 조언하자면 역설적 의도의 원인인 강박을 피하기 위해, 처음 운동을 시작할 때는 1년 회원권보다 일주일 혹은 1회 이용권을 구매하는 게 낫다. 일단 하다가 일주일에 며칠은 꼭 하는 습관이 생겼다면 그때 1개월 혹은 6개월 단위로 구매해도 된다. 열의를 불태우며 열심히 하는 것보다 어려운 것은 평온한 마음으로 매일 하는 것이다. 결국 그 꾸준함이 삶을 바꾼다.

존 볼비의 애착 이론

소심한 성격은
부모 탓일까?

어제 연인과 헤어졌다. 이번에는 좀 오래 사귀면서 결혼까지 생각했지만, 결국 깨졌다. 이번에도 나의 집요함이 문제였다. 관계가 어느 정도 진전되면 나는 상대방의 단점을 찾아내 하나씩 고치려 들다가 결국 싸우고 헤어지는 일이 반복된다. 왜 이럴까?

한탄 속에 이런 질문이 떠오를 때마다 엄마가 떠오르곤 한다. 엄마도 나의 단점을 찾아내 하나씩 고쳐서 완벽한 사람으로 만들려고 했다. 나는 엄마의 바람대로 완벽한 사람이 된 것이 아니라 오히려 엄마의 강박증만 배운 것 같다. 그런 엄마가 아니었다면 나는 좀 더 너그러운 사람이 됐을까?

존 볼비가 이 한탄을 들었다면 아마 "그렇다"라고 대답했을 것이다. 그는 인간에게도 동물의 '각인' 같은 과정이 있을 거라고 생각했다. 각인이란, 알에서 갓 깨어난 새끼 새들이 소리를 내면서 움직이는 물체를 본능적으로 졸졸 따라다니는 현상을 말한다. 각인은 새끼 오리가 어미 곁에서 보호받기 위한 생존 본능이다. 볼비는 이런 각인에 해당하는 인간의 성장 단계를 '애착'이라고 여겼다.

갓난아기는 생후 3개월에서 6개월까지는 아무에게나 방긋거린다. 그러나 그 이후부터는 아는 얼굴은 반기지만 낯선 사람은 기피하는 '낯가림'을 시작한다. 볼비는 이 낯가림이 아이가 부모와 애착을 형성한 증거라고 봤다.

동물들은 갓 태어난 직후, 한동안 자기 곁에서 움직이던 존재에만 각인된다. 그리고 그 시기가 지난 후에 움직이는 물체를 만나면 오히려 도망치거나 숨는다. 그렇다면 사람도 다른 사람에게 애착할 수 있는 시기가 따로 있고, 그 시기를 놓치면 아예 애착을 못 하게 되는 것은 아닐까?

자신과 타인에 대한 태도는 어떻게 자리 잡는가

볼비는 정신분석학의 아이디어, 즉 어린 시절 겪은 마음의 상처가 무의식 속에 깊이 남아 평생에 걸쳐 영향을 미친다는 생각을 애착과 결합시켰다. 그 결과, 어린 시절에 결핍된 애착이 성인기까지 영향을 줄 것이라고 판단했다. 마치 각인되지 않은 낯선 존재를 보면 도망치고 숨는 아기 오리처럼, 애착할 시기를 놓친 사람들도 다른 사람과 친밀한 관계를 맺지 못하거나 타인 혹은 세상에 대한 불신이나 불안감에 시달릴 거라는 생각이었다.

볼비는 "우리가 느끼는 애착 욕구는 (어린 시절에) 그 욕구가 얼마나 충족되지 않았느냐에 달려 있다"라고 말했는데, 이 말은 인간이 갖는 불안이나 의존성 같은 감정이 실제로는 충족되지 않은 욕구에서 비롯된다는 뜻이다.

생애 초기에 아이가 어머니와 맺는 관계가 이후 인생 전체에 영향을 미친다는 애착 이론은, 부모의 역할과 아이에 대한 태도 전부를 뒤바꿔 놓았다. 볼비 이전까지 서구사회에서는 지나친 사랑을 주면 아이를 망친다는 생각이 보편적이었다. 그러나 볼비의 이론이 인정받으면서 엄격한 훈육을 강조하던 육아 이론이 애정과 보호를 우선하는 육아 방식으로 바뀌었고, 어머니 역할의 중요성도 확립됐다.

그뿐만 아니라 부모와의 애착 관계가 어른이 돼서까지 영향을 미친다는 볼비의 주장은 많은 후배 학자에게 아이디어를 주었다. 그중 프랜시스 호로비츠와 앨런 바살러뮤는 이 이론을 좀 더 체계화했다.

이 학자들은 어린 시절의 애착 형성 과정에서 부모가 자신에게 보여준 모습을 통해, 자신과 타인을 대하는 기본적인 태도가 형성된다고 봤다. 구체적으로는 내가 괜찮은 사람인지 아닌지, 주변 타인들이 괜찮은 사람인지 아닌지에 대한 인식이 무의식 깊은 곳에 뿌리를 내린다는 것이다.

이렇게 마음 깊이 자리 잡은 인식은 어른이 돼 대인관계를 맺을 때 영향을 미친다. 그래서 이 이론을 '마음 내부에서 작동하는 자신과 타인에 대한 모형', 줄여서 '내적 작동 모형'이라고 한다. 이 이론에 따르면 나와 타인을 대하는 태도는 크게 네 가지 유형으로 나뉜다.

애착의 내적 작동 모형

	자기 긍정	자기 부정
타인 긍정	안정형	집착형
타인 부정	무시형	혼란형

유형 1

나도 남들도 다 믿을 수 있고 괜찮은 사람이다

이 유형의 사람들은 타인과 자연스럽게 친해진다. 애착을 형성하는 과정에서 세상을 탐색할 때 의지할 수 있는 안전한 본부를 만들었기에, 어른이 돼서도 맘 편히 세상을 탐색하고 관계를 맺을 수 있다. 이들의 세상에서 사람들은 제각각 조금씩 다르고 독특하긴 하지만 기본적으로 다들 괜찮은 사람들이다. 그래서 타인을 대할 때 기본적으로 불안감이 없다. 자신이 잘나서가 아니라 서로 괜찮은 사람들끼리 걱정하고 두려워할 이유가 없기 때문이다.

이들은 기본적으로 자신과 타인을 믿는다. 나와 남에게 문제나 결함이 없다고 믿는 것이 아니라 이를 극복하거나 관리할 수 있다고 믿는다. 그래서 필요할 땐 서로 돕고 의지하는 것을 당연하게 여긴다.

이 유형의 사람들은 인간관계에 문제가 생겨도 근본적으로 돌이킬 수 없을 만큼 잘못된 것은 없기에 방법을 찾아서 노력하면 잘 풀릴 것이라는 낙관적 태도를 가진다. 헤어지더라도 누군가의 잘못이나 책임을 찾지 않는다. 이들은 보통 말하는 '구김살이 없는 성품의 편안한 사람들'이라고 할 수 있다. 그래서 이 유형을 '안정형'이라고 부른다.

유형 2

나는 괜찮은 사람이지만 남들은 그렇지 않다

이 유형의 사람들은 상대를 실제보다 과소평가하고 자신은 과대평가한다. 애착 과정에서 부모에게 의지해봤자 소용없고, 다 내가 알아서 해야 한다고 생각하게 된 것이다. 이들의 세계에서 나는 믿을 수 있는 사람이지만 남들은 그렇지 않다. 남들은 내 진정한 가치를 모를 뿐만 아니라 나를 제대로 대우할 마음이 없다. 이 세상에 믿을 것은 나 자신뿐이고, 남들은 도저히 믿거나 의지할 수 없다고 여긴다. 그래서 이들은 누군가 나에게 접근하면 뭔가 다른 의도가 있을 것이라 의심한다. 그러니 남들과 오랫동안 깊은 관계를 형성하기 어렵다.

관계에 문제가 생기면 이들은 상대방에게서 원인을 찾는다. 왜냐하면 나는 잘못했을 리 없기 때문이다. 그래서 조금만 문제가 생겨도 이를 해결하려 노력하기보다 끝내버리는 쪽을 택한다.

이들은 매우 독립적이고 강한 멘탈을 가진 것처럼 보이지만 실제 내면은 고독하고 힘들다. 그래서 가끔 무너지는 모습을 보이기도 한다. 이런 유형을 '무시형'이라고 부른다.

유형 3

나는 별로 좋지 않은 사람이지만 남들은 괜찮은 사람이다

나 자신은 과소평가하고, 상대방은 과대평가하는 유형이다. 이들은 애착 과정에서 자기에게 무관심한 부모에게 어떻게든 매달려서 불안감을 달랬던 사람들이다. 이들 내면에 형성된 세계관에 따르면, 나는 너무 한심한 존재라서 스스로를 보살필 능력이 없다. 내 안전이나 행복, 미래는 상대방에게 달렸다. 그래서 이들에게 사회적 관계 맺기는 내가 믿고 의존할 보호자를 찾는 과정이다.

이들은 자신에게 관심을 보여주는 사람에게 금세 빠져들고 의지하고 충성한다. 일단 관계가 형성된 다음에는 '나는 상대방에게 버림받으면 끝장'이라는 강박적 믿음에 빠져버린다. 남에게 버림받거나 미움받는다는 것은 죽음이나 마찬가지다. 그래서 끊임없이 상대의 기분을 살피고 눈치를 본다. 그리고 상대방에게 지나치게 집착하는데, 바로 그 집착 때문에 관계가 파탄 나곤 한다.

이 유형은 상대방에게 이용당하고 조종당하기 쉬운 반면 상대에게 버림받기 전에 자신이 먼저 상대를 배신하고 새로운 의존 대상을 찾는 경우도 있다. 이런 유형을 '집착형'이라고 부른다.

유형 4
나도 남들도 다 좋지 않은 사람들이다

이들은 자기 자신을 포함한 모든 사람을 신경 쓰지 않는다. 애착 과정에서 자신이 부모의 사랑을 받을 만한 자격이 없는 존재라 배웠고, 그런 부모에게 의존하지 않아도 살아남을 수 있다는 사실도 학습했기 때문이다. 애착에 대해 부정적인 방향으로 균형을 이룬 상태라고 할 수 있다.

이 유형은 인간관계를 맺을 때도 겉보기에는 침착하고 차분하며 마치 세상에 대해 달관한 것처럼 보일 수 있다. 이들은 상대방이나 자기 자신에 대해서도 별다른 기대를 하지 않는다. 어차피 우리는 모두 한심하고 믿을 수 없는 존재들이니까. 그러나 내면에는 불안감이 가득하다. 세상에 믿을 놈 하나 없는데 나 자신도 믿을 수 없으니 불안하지 않겠나. 모든 인간은 불안하면 어딘가에 의지하고 싶어진다. 따라서 이들은 늘 누군가를 믿고 싶은 욕구와 '믿을 놈은 아무도 없다'는 인식 사이에서 흔들린다.

그 결과 겉보기엔 세상을 매우 냉정하고 객관적으로 대하는 것 같고, 인간관계에 많은 기대를 하지 않는다고 말하면서도 관계에 집착하며, 그러다가 관계가 잘 이어지면 오히려 의심과 불안이 도지는 불안정한 모습을 보인다. 이들은 상대방과 너무 친해지면 일부러 문제를 찾아내서 관계가 망해야 할 이유를 만드는 경향이 있다. 인간이 아닌 신이나 조직에 열광적으로 헌신하기도 한다. 그래서 이 유형은 오락가락 흔들리는 '혼란형'이라고 부른다.

정말 모든 게 부모 탓일까?

부모와 자녀 사이의 정서적인 유대관계가 자녀의 건강한 성장에 매우 중요한 요소라는 생각은 현대인에게는 상식이다. 그 상식을 만든 것이 바로 존 볼비다. 그러나 볼비의 이론이 전부 옳은지에 대해서는 논란이 많다.

우선 볼비가 각인과 애착을 같은 생존 본능의 결과라고 전제한 것부터가 문제다. 어미에게 각인된 새끼 오리는 어미를 졸졸 따라다니며 어미의 보호를 받을 수 있다. 각인이 오리의 생존 본능인 이유다.

그러나 부모에게 애착한 생후 6개월 아기는 부모를 따라다닐 수 없다. 태어난 지 이틀만 지나도 자기 맘대로 돌아다니는 오리와 달리, 아기가 엄마를 따라다닐 수 있으려면 생후 2년은 지나야 한다. 아기가 엄마에게 아무리 애착한들 생존에는 별 도움이 되지 않는다. 오히려 엄마가 아기에게 애착해야 아기의 생존율은 높아진다.

애착 대상이 엄마여야 한다는 볼비의 전제도 논쟁거리다. 볼비는 "아이들을 귀하게 여기는 공동체라면 반드시 어머니들도 귀하게 대해야 한다"라고 말했다. 원래 엄마라는 존재의 중요성을 강조했던 애착 이론은 시대가 바뀌면서 엄마에게만 양육의 책임을 떠넘기는 방향으로 해석되기도 했다. 최근 연구 결과에 따르면, 엄마뿐 아니라 아빠나 손위 형제도 애착 상대로 충분히 그 역할을 할 수 있다고 결론지어지고 있다.

그럼에도 나는
나의 삶을 통제할 수 있다

볼비의 이론은 그의 개인사와 밀접한 관계가 있다. 그는 전형적인 영국의 중상류층 집안에서 태어났다. 당시 영국의 중산층 이상에서 아이는 유모가 키우는 것이 당연했다. 볼비의 회고에 따르면 어린 시절 그가 어머니를 만날 수 있는 시간은 하루에 한 시간 이내였다.

학교에 입학할 나이가 된 볼비는 아예 집을 떠나 기숙학교에 보내졌다. 그는 그곳에서 쉽게 적응하지 못하고 외톨이로 지냈는데, 자신의 이런 모습이 어린 시절 엄마의 사랑을 충분히 받지 못했기 때문이라고 생각했다. 이 생각이 애착 이론의 시작이었다.

그런데 그가 과연 애착을 못 해서 힘들게 살았을까? 그렇지도 않다. 학창 시절 그에게 친구들이 적었던 것은 사실이지만, 그는 친구 대신에 공부에 몰입해서 젊은 나이에 명문대에 진학해 26세에 의사 자격을, 30세에는 정신분석가 자격을 취득했다. 제2차 세계대전 중에는 의무 장교로 성실히 복무했으며, 이후 상담 교육 분야에서 활동하며 자신의 애착 이론을 알리기 시작했다. 43세가 되던 1950년에는 그동안의 업적을 인정받아 WHO(세계보건기구) 정신 건강 분야의 자문위원이 됐다.

그의 사생활은 어땠을까? 볼비는 결혼해서 네 명의 자녀를 두고 평생을 해로했다. 자세한 내막이야 알 수 없지만, 적어도 이 부부가 별문제 없이 잘 지냈던 것은 분명하다.

볼비의 과거사가 애착 이론의 근거였는데, 정작 냉담한 환경에서 성장한 그가 심리학사에 길이 남을 이론가로 성공했다면 그 이론은 맞는 걸까? 그러니 어린 시절 부모와의 애착 관계가 평생의 대인관계 패턴을 결정할 것이라는 생각은 지나치다고 볼 수도 있다.

사실 영국에는 볼비처럼 유모 손에서 자란 사람들이 많다. 그들 대부분은 별문제 없이 성인이 돼 원만한 사회생활을 했다. 볼비처럼 키워졌다고 해서 모두가 볼비처럼 성공하지도 않겠지만, 그처럼 외로운 청소년기를 보내지도 않는다.

당신이 타인과 맺는 관계의 패턴은 부모와의 애착 때문이 아니라 그저 유전적인 성향, 그저 당신이 내성적인 사람 혹은 강박적인 사람으로 태어났기 때문일 수도 있다. 혹은 최근에 당신이 겪었던 다른 관계의 경험 때문일 수도 있다. 학자들도 어떤 것이 원인인지 의견이 갈리기 때문에 무엇이든 당신이 편한 대로 받아들여도 상관없다. 단지 내가 남들과 맺는 관계가 종종 어떤 식으로 흘러가는지 객관적으로 살펴보는 것은 필요하다. 그래야 삶을 조금 더 잘 통제할 수 있을 테니까.

페스팅거의 인지 부조화

자기 자신에게조차
솔직하기 어렵다면

SNS에서 본 음식점이 근사해 보여서 친구들과 만날 때 강력히 추천했는데, 막상 가 보니 맛이 별로라면 어떨까? 그래도 이렇게 경치 좋은 곳에 올 수 있으니 좋다거나, 재료가 좋고 건강하게 조리해서 몸에는 좋을 것이라는 식으로 정당화하는 사람이 많을까 아니면 '내 판단이 틀렸어'라고 인정할 사람이 많을까?

심리학자 리언 페스팅거라면 대부분은 첫 번째 유형이라고 말할 것이다. 그 이유는 아이러니하게도 우리가 합리적이고 이치에 맞는 존재가 되려고 하기 때문이다.

처음에 페스팅거는 사이비 종교 때문에 이러한 문제에 관심을 가졌다. 페스팅거가 심리학을 연구하던 1950년대 당시 미국에도 종말론을 외치는 종교단체가 있었다. 그 종교단체의 교주인 도러시 마틴은 자신이 직접 외계인으로부터 세상이 멸망할 것임을 계시받았다고 주장하면서, 대홍수로 인해 멸망할 날짜와 시간까지 공표했다. 그리고 자신을 따르면 종말로부터 탈출할 수 있는 외계인의 우주선을 탈 수 있다고 말했다.

실제로 이 과감한 주장을 믿는 사람들이 생겨났고, 이들은 전 재산을 종교단체에 기부하고 단체의 일원으로 살아가며 종말의 날을 기다리기 시작했다. 그들 중에는 의사 부부도 있었다.

그러나 교주의 말과는 달리 외계인의 탈출선은 오지 않았고, 공표된 날짜에 대홍수도 일어나지 않았다. 페스팅거는 연구진을 이 단체에 위장 투입시켜서 이 예언이 이루어지지 않았을 때 어떤 일이 벌어지는지 관찰했다.

신기하게도 예언이 어긋났음에도 교인들 대부분은 믿음을 버리지 않았다. 교주는 교인들의 기도가 외계인들의 마음을 움직여 종말을 막았다고 설명했고, 교인들도 이를 믿었다. 그리고 이전보다 더 적극적으로 자기들의 믿음을 외부에 알리고 전파하기 시작했다.

페스팅거의 상식으로는 도저히 이해할 수 없는 일이었다. 교주의 예언을 믿고 귀의했는데 그 예언이 틀렸다면 교주를 버려야 하지 않는가. 그런데 교인들의 믿음은 그전보다 더 굳건해진 것이다.

신기하게도 예언이 어긋났음에도
교인들 대부분은 믿음을 버리지 않았다.
교주는 교인들의 기도가 외계인들의 마음을 움직여
종말을 막았다고 설명했고, 교인들도 이를 믿었다.
그리고 이전보다 더 적극적으로
자기들의 믿음을 외부에 알리고 전파하기 시작했다.
페스팅거의 상식으로는 도저히 이해할 수 없는 일이었다.
교주의 예언을 믿고 귀의했는데 그 예언이 틀렸다면
교주를 버려야 하지 않는가.
그런데 교인들의 믿음은 예언이
그전보다 더 굳건해진 것이다.

나는 합리적인 사람이라는
착각

페스팅거는 이 현상을 설명하기 위해 '인지 부조화'라는 개념을 끌어들였다. 인지 부조화란 내가 보고 느낀 것들 간의 불일치를 말한다.

사실 인지 부조화는 새로운 개념이 아니다. 살면서 이전에 알던 것과 일치하지 않는 현상을 경험하는 게 한두 번인가? 전에는 몰랐던 일이나 잘못 알고 있던 것을 접하면 '어? 저건 내가 알던 것과는 다른데?', '이건 내 예상하고 전혀 다른데?' 하고 누구나 인지 부조화부터 경험하기 마련이다.

이때 처음에는 놀라움이, 그다음에는 불편함과 긴장감이 찾아온다. 그래서 이 불일치를 해결하지 않으면 안 된다고 느낀다. 그 과정에서 우리는 자신의 오류를 발견하고 고쳐간다. 그러니까 인지 부조화의 경험은 인식의 바른 성장을 위해 반드시 필요하다.

그런데 지적 성장에 필수적인 인지 부조화가 왜 멍청한 행동의 원인이 되는 걸까? 인지 부조화 자체는 죄가 없다. 문제는 인지 부조화에 '합리성에 대한 자부심'과 '이미 저지른 행동'이 덧붙여졌을 때다. 그 순간 우리는 자기를 기만하며 편협한 고집쟁이가 된다.

합리성에 대한 자부심이란 '나는 누구보다도 합리적인 사람'이라는 믿음이다. 합리적으로 행동한다는 것은 자기 생각과 말과 행동이 일치한다는 뜻이다. 이는 사회적 신뢰의 기반이다. 누군가의 말을 '믿는다'는 것은 그 사람이 스스로 한 말대로 행동할 거라고 '기대'하는 것이다.

비합리적인 사람, 말과 행동이 다른 사람에게는 그런 기대를 할 수 없다. 그래서 합리성은 단순히 인성이나 성품의 문제가 아니라 그 사람이 사람 구실을 할 수 있는지 판단하는 기준이다. 합리적인 사람일수록 더 믿을 수 있는 사람이자 더 나은 사람이다. 그런데 우리는 대개 내가 남들보다는 낫다고 여긴다. 합리성에 있어서도 마찬가지다. 내가 남들보다 더 합리적이라고 믿는다. 이것이 합리성에 대한 자부심이다.

우리는 어떻게 스스로를 속이는가

그런데 만약 이 자부심이 깨지는 상황이 닥치면 어떻게 될까? 지구 종말의 예언만 믿고 직장도 관두고, 전 재산을 팔아 교단에 기부하고, 이런 행동이 언론에도 보도가 됐는데 그 모든 행동의 근거였던 예언이 실현되지 않은 이 신도들처럼 말이다. 이제 와서 '모든 게 가짜였다'라고 인정하자니 '나는 합리적인 사람'이라는 신념에 큰 위기가 닥친다. 내가 합리적이기는커녕 황당한 거짓말에 속은 바보였다는 뜻이기 때문이다.

순간 무서운 인지 부조화가 들이닥친다. '나는 남들보다 더 합리적인 사람이다'라는 믿음과 '내가 바보처럼 속았다'는 사실이 충돌한다. 평소라면 여기서 생각을 바꾸면 된다. 누구나 틀릴 수 있고, 틀렸으면 고치면 되니까. 그런데 이번에는 그게 쉽지 않다. 두 번째 요소인 '이미 저지른 행동' 때문이다.

이미 저지른 행동이란 말 그대로 돌이킬 수 없는 선택이다. 종말론 신도들은 이미 그만둔 직장으로 돌아갈 수도 없고, 기부한 재산을 돌려받을 수도 없다. 게다가 내가 무슨 짓을 저질렀는지 세상이 다 안다.

합리성이 '신념과 행동의 일치'라는 점을 생각해보자. 불일치도 이렇게 잔인한 불일치가 없다. 이제 어떻게 해야 할까? 내가 멍청한 짓을 저질렀다는 사실을 인정하고 이 사기꾼 단체에서 탈퇴해야 할까? 그러면 불일치는 해소되겠지만 나는 바보, 멍청이에 빈털터리가 되고 만다.

그런데 불일치를 해소하는 다른 방법이 있다. 이미 저지른 행동에 앞으로의 생각과 행동을 맞춰가는 것이다. 지금까지 그랬던 것처럼 교주의 말을 믿자! 지구 종말 예언은 거짓말이 아니라 교주 말처럼 연기된 것뿐이다. 그것도 우리의 믿음 덕분에. 그것이 사실이다.

아니, 사실이어야 한다! 그러면 나는 어처구니없는 사기꾼에게 속은 바보가 아니라 지구 종말을 막은 영웅의 일원이 된다. 실제 그 사이비 교단의 신도는 페스팅거와의 인터뷰에서 이렇게 말했다.

"저는 거의 모든 것을 포기했습니다. 모든 인연을 끊었습니다. 이제 이전 삶으로 돌아갈 수 있는 모든 다리를 불태웠습니다. 세상에 등을 돌렸습니다. 이제 저는 의심할 여유가 없습니다."

망상의 세계에서
벗어나기 위하여

중요한 것은 인지 부조화가 아니다. 인지 부조화를 어떻게 해결하느냐다.

인지 부조화는 일상에서도 쉽게 접할 수 있다. 연인이든 친구든 혹은 정치가든 우리는 누군가를 한번 좋아하기 시작하면 그 사람의 단점이나 잘못이 밝혀져도 생각을 바꾸지 않는 경우가 많다. 이때 우리는 내 신념에 부합하는 정보는 열심히 받아들이지만, 신념에 반하는 정보들은 무시하거나 의심한다.

이렇게 편향된 정보만 받아들이는 과정이 반복되면, 현실과 동떨어진 세상에서 살게 된다. 그리고 단순히 자기 태도를 유지하는 정도에서 벗어나 좀 더 적극적으로(혹은 광적으로) 그에 대한 애정이나 지지를 표현한다. 인지 부조화를 해결하고 합리적인 사람이 되려고 노력하다 보니 오히려 결과적으로는 스스로를 속이고 현실을 부정하면서 심하면 망상의 세계에 빠지는 것이다.

그러면 어떻게 인지 부조화의 함정을 피할 수 있을까?

첫 번째, 합리성에 대한 자부심에 집착하지 말아야 한다. 합리성과 일관성은 다르다. 물론 합리적인 판단들은 대부분 일관성이 있다. 논리적인 학문의 대표라 할 수 있는 수학에서는 한번 나온 정답은 시간이 흐르고 상황이 바뀌어도 여전히 정답이다. 그래서 합리적인 인간은 초지일관해야 한다고 착각한다.

하지만 사실은 그와 다르다. 주변 상황이 시시때때로 바뀌기 때문에 합리적인 사람일수록 자기가 틀렸을 때 이를 빨리 인정한다. 물론 쉽지 않은 일이다. 합리성에 대한 자부심이 큰 사람일수록 더 그렇다. 한번 내린 판단이 옳다고 해도 상황이 바뀌면 판단을 바꾸는 것이 옳다. 세상이 멸망한다고 판단했더라도 실제 결과가 달랐다면 자신의 판단을 바꾸는 것이 합리적인 일이다. 맛있을 줄 알았던 음식이 맛없다면 맛이 없다고 인정하면 되고, 처음에는 훌륭한 줄 알았던 사람이 알고 보니 사기꾼이었다면 더 이상 그를 지지할 필요가 없는 것이다. 누구나 실수는 하니까.

두 번째, 행동을 저지르기 전에 조심하라. 자신의 생각을 말이나 행동으로 드러내기 전에 최대한 많은 정보를 모으고 분석하라. 한번 뱉은 말은 돌이킬 수 없다. 경솔하게 아무 말이나 생각나는 대로 내뱉다가는 자기가 뱉은 말의 노예가 돼서 자기 의지와는 상관없이 끌려다니게 된다. 앞서 사이비 종교에 빠졌던 한 의사는 예언이 어긋난 뒤 이렇게 말했다.

"내일 기자들 앞에서 예언이 틀렸다고 인정해야 하더라도 저는 의심하지 않을 것입니다. 힘든 시간이지만 저 하늘 위에 있는 분들이 우리를 지켜보고 있다는 것을 압니다. 그들은 우리에게 약속했습니다."

그는 외계인의 약속을 믿은 것이 아니다. 그저 자신이 저지른 실수에 발목이 잡혔을 뿐이다. 인지 부조화의 함정에 빠지면 누구든 그럴 수 있다.

아시의 동조 실험

외로울 수 있어야
외롭지 않다

혼자 여행을 가볼까 싶다가도 막상 낯선 곳에서 혼자 식사하는 내 모습이 떠올라 망설여진다. 극장에서 영화를 보고 싶어도 혼자 자리를 차지하는 게 이상해 보일 것 같다. 외로워 보일까 봐 주저된다. 이러는 내가 이상한 걸까?

모든 인간은 외톨이가 되지 않으려는 욕구를 타고났다. 그러나 사회심리학자인 솔로몬 아시에 따르면 가끔은 이 본능을 무시해야 한다. 이 본능 때문에 어리석은 선택을 할 수 있기 때문이다.

아시는 1907년 폴란드 바르샤바에서 태어나 1920년에 미국으로 이주했다. 사회심리학에 관심을 가지게 된 것도 그가 이민자였기 때문이다. 어린 시절 익숙했던 동부 유럽의 문화를 떠나 미국이라는 새로운 문화에 편입된 그는 일종의 문화 충격을 경험했다. 폴란드에서는 당연하게 여기던 습관이 미국에서는 이상한 행동으로 취급당하기도 했고, 폴란드였다면 꿈도 꿀 수 없던 일을 미국 사람들이 당연하게 하는 모습도 보았다.

이런 경험을 통해 그는 평소에 만고불변의 진리이며 당연하다고 여기던 삶의 원칙들이 사람들이 만들어낸 것에 불과하다는 사실을 깨달았다. 그는 동조 실험을 통해 우리의 생각이 다른 사람의 의견에 의해 얼마나 쉽게 좌지우지되는지 보여줬다.

나는 타인의 반응으로부터 진짜 자유로울까?

아시는 우선 여섯 명에서 여덟 명 정도의 집단을 만들었다. 이 중 한 명만이 진짜 실험 참가자였고, 나머지는 모두 실험자의 지시에 따라 행동하는 가짜 참가자들이었다. 이 실험은 시각 능력에 관한 실험이라고 거짓으로 알려주었다. 참가자들에게는 두 장의 카드를 순서대로 보여줬다. 첫 번째 카드에는 하나의 직선이, 두 번째 카드에는 서로 길이가 다른 세 개의 직선이 그려져 있었다. 참가자들은 첫 번째

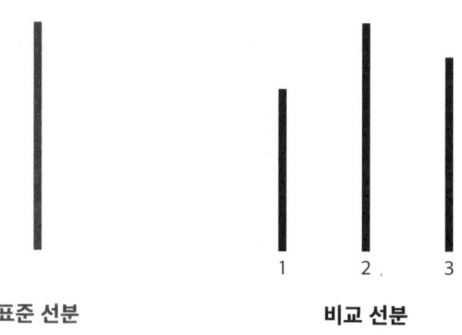

표준 선분   비교 선분

카드의 직선과 동일한 길이의 직선을 선택해야 했다.

  초반에는 모두 정답을 쉽게 맞췄다. 이후 가짜 참가자들이 일부러 틀린 답을 말하기 시작했다. 분명히 정답은 2번인데, 다른 (가짜) 실험 참가자들이 모두 정답이 아닌 3번을 답이라고 말하는 것이다.

  이제 진짜 실험 참가자가 대답할 차례다. 그는 어떤 대답을 할까? 비록 틀린 답이지만 남들이 이구동성으로 말한 3번이 답이라고 대답할까? 아니면 자신이 본 대로 2번이 답이라고 말할까?

  실험의 핵심은 진짜 참가자가 자신이 본 대로 정답을 말할지, 아니면 다수의 의견에 동조하여 틀린 답을 말할지 관찰하는 것이었다. 실험 결과, 평균적으로 64.3%의 참가자는 집단의 압력에도 불구하고 정답을 말했고, 35.7%는 결국 집단에 동조해 틀린 답을 선택했다.

  실험은 총 12번 반복됐고, 참가자의 12%는 매번 집단의 잘못된 의견에 동조했으며, 약 25%는 항상 정답을 고수했다. 나머지 참가자들은 그때그때 달랐다. 한두 번은 자기 의견을 고수하다 나머지는 집단을 따른 경우도 있고, 반반인 경우도 있었다. 12번 중 단 한 번이라도 동조한 참가자는 약 75%에 달했다.

홀로 정답을 말하기 위해 치러야 할 대가

아시가 증명한 것은 우리에게는 강력한 동조 본능이 있다는 사실이었다. 동조 본능이란, 남의 행동을 보고 내 행동을 조율하려는 성향이다. 동조는 사회적 동물인 인간의 기본적인 속성이다. 그래서 아시는 "동조는 단순히 외부에서 개인에게 작용하는 힘이 아니라, 내부에서 이루어지는 과정이기도 하다"라고 말했다.

선조들에게 외톨이가 된다는 것은 곧 죽음을 의미했다. 인류 성공의 비결은 공동체를 만드는 것이었으며, 공동체는 서로가 서로의 행동을 참조하며 비슷하게 행동하려는 경향, 즉 동조 본능에 근거한 것이었다. 이 사실을 모르는 사람은 없었다.

아시의 실험이 특별한 점은 그 본능이 얼마나 강력한지 숫자로 보여주었다는 점이다. 35.7%, 동조 본능이 사실 인식을 이겨낸 비율이다. 이 실험 결과에 따르면, 남들이 모두 어떤 행동에 동참하는 상황에서는 비록 그 행동이 평소 자신이 배운 사실이나 논리적인 진실과 어긋나도 어쩔 수 없이 동참할 확률이 그 정도라는 것이다.

물론 이 비율이 언제나 같지는 않았다. 가짜 실험 참가자들이 만장일치로 틀린 답을 선택했을 때만 위의 동조 비율이 나왔다. 만약 가짜 실험 참가자들 중 단 한 명이라도 정답을 주장하며 진짜 실험 참가자의 편을 들어주면 동조 비율은 5%로 줄었다. 동조 압력은 집단원 모두가 만장일치로 하나의 오답을 밀 때 가장 강했다.

혹시 정답과 (동조 압력을 받은) 오답이 비슷해서 참가자들이 자기가 착각한 줄 알고 동조하는 건 아닐까? 명백한 오답일 때 동조하는 비율이 조금 낮아졌지만, 여전히 30% 이상은 동조했다.

집단의 크기가 클수록 동조 압력이 더 강해질까? 집단원은 4~5명일 때 동조 비율은 가장 높았다. 동조 압력을 가하기 위해서 필요한 주류 집단의 규모는 3명이면 충분했다.

더 흥미로운 변형도 있다. 참가자의 편을 들어주던 동료가 사라지면 어떻게 될까? 경우에 따라 달랐다. 동료에게 급한 일이 생겨서 어쩔 수 없이 실험실을 떠난 경우에는 5%로 낮아졌던 동조 비율이 유지됐다. 하지만 자기편을 들어주던 동료가 실험 중간쯤부터 입장을 바꿔 집단에 동조하면, 참가자의 동조 비율은 처음부터 동료가 없었던 것처럼 올라갔다. 믿었던 동료의 배신이 모든 것을 처음으로 되돌린 셈이다.

아시는 동조한 사람들과 자기 의견을 고수한 사람들을 인터뷰했다. 그들이 동조한 이유로 가장 많이 든 것은 '남들과 다른 말을 하는 게 눈에 띄고 불편해질까 봐'였다. 간단히 말해, 별것 아닌 일로 '모난 돌'로 찍히고 싶지 않아서였다.

그렇다면 자기 의견을 고수한 사람들의 특징은 무엇이었을까? 크게 두 가지 유형이 있었다. 하나는 내 답이 맞다는 자신감이 확실한 사람들, 그리고 작대기 길이를 맞추든 못 맞추든 그게 뭐가 중요한가 싶어 그냥 자기 의견을 말한 사람들이었다. 이들의 공통점은 그룹 내 다른 사람들이 나에 대해 어떻게 생각하는지 크게 신경 쓰지 않았다는 점이었다. 다른 상황이었다면 그들은 뻔뻔하다거나 눈치 없다는 평을 들었을지도 모른다. 남들이 틀린 답을 말할 때 혼자 정답을 말하기 위해서 치러야 하는 대가인 것이다.

길을 아는 것과
길로 뛰어드는 것의 차이

아시의 실험을 통해 더 생각해 볼 만한 몇 가지는 다음과 같다.

첫째로 다수결이 반드시 정답은 아니다. 많은 사람이 믿는 것이 반드시 옳다는 보장은 없다. 그렇지만 우리는 많은 사람의 의견을 따를 가능성이 크다. 대개는 옳고 그른지보다 남들과 같은 선택을 했는지의 여부가 지금 당장 더 중요하기 때문이다. 그래서 우리는 정답보다 다수의 답을 따른다.

둘째, 만약에 정답의 여부가 당장 나에게 중요한 상황에서, 다수의 의견이 당신과 다르다면? 그때는 큰 용기를 내야 한다. 그 결과, 당분간 남들과 외떨어져서 지내야 할 수도 있다. 동조는 사회생활의 비결이기 때문이다.

셋째, 동료가 중요하다. 의견이 같은 동료가 단 한 명이라도 있다면 당신은 큰 용기를 얻을 수 있다. 그러나 그 동료가 어느 날 의견을 바꾼다면 당신은 엄청난 타격을 받을 수도 있다. 지구가 평평하다 믿는 사람이나, 각종 음모론을 믿는 사람들이 계속 자기 의견을 고수하는 이유도 그들이 혼자가 아니기 때문이다. 예전에는 집단 압력에 굴복했을 사람들도 SNS를 통해 자기와 같은 의견을 가진 동료를 쉽게 찾을 수 있기 때문에 그를 믿고 자기 의견을 고수한다.

잠시 성공한 사람들을 떠올려 보자. 창의적인 발견을 통해 성공한 사람들에게는 공통점이 있다. 우선 그들은 남들이 발견하지 못한 길을 발견했고, 새로운 길로 혼자 뛰어들었다. 우리도 그럴 수 있을까? 해당 분야에 대한 지식과 통찰력이 있다면 길을 찾아낼 수는 있을 것이다.

창의적인 발견을 통해 성공한 사람들에게는 공통점이 있다.

우선 그들은 남들이 발견하지 못한 길을 발견했고,

새로운 길로 혼자 뛰어들었다. 우리도 그럴 수 있을까?

해당 분야에 대한 지식과 통찰력이 있다면

길을 찾아낼 수는 있을 것이다.

그러나 길을 아는 것과 길로 뛰어드는 것은 전혀 다른 문제다.

찾아낸 성공의 가능성을 실현하려면

동조 본능을 거부해야 한다.

그러나 길을 아는 것과 길로 뛰어드는 것은 전혀 다른 문제다. 찾아낸 성공의 가능성을 실현하려면 동조 본능을 거부해야 한다. 이는 "당신이 틀렸고, 내가 옳다"라고 말하는 것과 같다. 이제부터 그들은 "너는 '우리'와 생각이 다르구나?"라고 말할지 모른다. 그다음부터 당신은 그들과 편안한 마음으로 식사를 하거나 수다를 떨 수 없다. 당신을 그룹에 끼워주지 않을 수도 있다. 기본적인 전제를 공유할 수 없는 이와 어떻게 같은 하늘을 바라볼 수 있겠는가. 더 큰 문제는 그렇다고 반드시 성공한다는 보장도 없다는 점이다.

남들과 함께 실패하면 최소한 곁에서 위로해 줄 동료는 남는다. 그러나 혼자 실패하면 모두의 비웃음을 받는 실패자로 끝날지 모른다. 그렇기에 이 순간의 선택은 엄청난 도박이다. 혼자 선택하고, 결과에 대한 책임 역시 혼자 져야 한다.

동조 본능을 거부하면서도 사회생활을 잘하는 비결은 비밀을 유지하는 것이다. 아시의 실험에서도 정답을 공개적으로 말하지 않고, 종이에 적어서 제출하도록 했더니 동조 비율은 크게 줄어들었다.

동조는 남의 시선 때문에 시작된다. 남들이 내가 어떤 생각을 하는지 모른다면 그 시선을 당분간 피할 수 있다. 실제로 성공한 사람들의 경우, 동조하지 않아도 외톨이가 된 경우는 드물었다. 대부분 오히려 사회생활을 잘하고 남들과 무던하게 지냈다. 자기가 동조하지 않는다는 걸 남들에게는 비밀로 했기 때문이다.

4장

Anna Freud
Carl Gustav Jung
Alfred Adler
Aaron Temkin Beck

나의 '평범함'을
인정할 때 생기는
'특별함'

로저스의 무조건적 존중

왜 세상은 나에게만 야박할까?

내 멘탈은 왜 이리도 나약할까? 작은 실수에도 하루 종일 심란하고, 누군가의 질문이나 지적을 받으면 마음이 와르르 무너진다. 그럴 때면 동료 A가 신기하다. 그는 나보다 실수도 많이 하고, 지적도 많이 받는다. 그러나 그는 편안하다. 매일 실수 없이 완벽하게 하루를 마치기 위해 분투하는 나와 달리, 그는 실수를 당연한 것으로 여긴다. 나는 왜 A처럼 살 수 없을까?

A와 당신의 차이는 무엇일까? 아마 둘의 능력에는 큰 차이가 없을 것이다. 실수를 더 많이 하는 A에 비해 당신이 더 유능할지도 모른다. 그렇다면 객관적인 조건은 비슷한데 왜 당신은 힘들게 살고, A는 느긋하게 사는 걸까?

일단 당신과 A는 같은 상황을 다르게 인식한다. 당신은 실수를 저지르면 안 좋은 평가를 받을 거라고 생각하는데, A는 실수는 누구나 저지르는 것이기 때문에 그것이 자신의 가치와는 별 상관없다고 여긴다. 그래서 A는 느긋한 반면 당신은 늘 긴장하고 불안하다. 결국 둘의 차이는 객관적인 현실에 있는 것이 아닌 주관적인 경험에 있는 것이다.

똑같은 상황을 서로 다르게 느끼는 이유

심리 상담(카운슬링)이라는 분야를 창시한 심리학자 칼 로저스는 이런 주관적인 경험의 차이를 '현상학적 장'이라고 불렀다. 현상학적 장이란 간단히 말해서 내가 경험하는 세상이다. 물리적인 현실이 아니라 심리적인 현실, 객관적인 사실이 아니라 주관적인 사실이라고 할 수도 있다.

똑같은 사건을 겪은 사람들도 사건에 대해서 느끼는 바는 모두 다르며, 심지어는 사건에 대한 기억조차 다르다. 어떤 사람에게는 따스한 물이, 다른 사람에게는 뜨거운 물일 수 있다. 똑같은 단어나 문장도 누군가에게는 편안하게 들리는 반면 다른 사람에게는 불편하거나 심지어 위협적으로 들릴 수 있다.

이런 차이는 우리가 살아가며 경험하는 모든 것에서 생긴다. 그 결과, 소득도 비슷하고 비슷한 집에서 비슷한 음식을 먹으며 비슷한 직장에 다니는 사람들도 현상학적인 장에서는 전혀 다른 세상을 산다. 누군가에게 그 삶이 뿌듯한 성취라면, 누군가에게는 끝없는 지옥일 수도 있다.

현상학적 장이 사람마다 다른 것은 당연하다. 각자 살아온 환경과 시간이 다르기 때문이다. 강아지를 보고 귀여워하는 사람이 있는가 하면, 어릴 때 개에게 물린 적이 있어서 같은 강아지를 보고도 기겁할 수 있다. 둘 다 각자의 세상에서 적절한 행동이다. 이것만으로 옳고 그름, 더 낫거나 못함을 따질 수 없다. 그러나 각자의 세상이 얼마나 건강한지 혹은 병들었는지는 따질 수 있다. 그 기준은 무엇일까?

유독 대화가 안 통하는 사람들의 특징

로저스는 그 기준을 '소통 가능성'이라고 생각했다. 상식이나 지능이 충분한데도 남들과 소통이 잘되지 않는 사람들이 있다. 그런 사람들은 세상을 남들과는 다르게 본다.

다시 앞의 예로 돌아가 보자. 당신이 실수하지 않으려 노력하는 이유는 무엇인가? 실수하면 다른 사람들이 나를 부정적으로 평가할 거라고 여기기 때문이다. 잘못을 저지르거나 나태한 사람보다 성실하고 실수 없는 사람이 더 좋은 평가를 받을 거라는 생각 자체는 틀리지 않았다. 그러나 그것이 전부이며, 그래야 한다고 믿는 것은 지나친 생각이다.

여기서 당신의 현상학적 장은 남들과 간격이 생긴다. 당신은 아마 자신에게 엄격한 만큼 타인도 냉정하고 비판적으로 볼 것이다. 매사에 느긋한 동료 A에게 울컥하고 조직에 분노하는 이유도 그 때문이다. 나는 이토록 필사적으로 노력하는데 당신들은 왜 이리도 느긋한가! 분투하는 나에게 업혀 가는 조직이 나를 이렇게 무시하다니, 이 얼마나 부당한가!

당신이 힘든 이유는 당신이 왜 이런 대우를 받는지 납득할 수 없기 때문이다. 즉, 당신은 주변 사람들과 소통이 되지 않는다. 자신이 경험하는 주관적인 세계와 주변 사람들이 알고 있는 객관적인 세계 사이의 격차가 크기 때문이다.

당신은 스스로 성실하게 완벽을 추구하는 유능한 팀원이라고 생각하겠지만, 주변 사람들은 당신을 지나치게 비판적이고 실수를 용납하지 못하는 까칠한 팀원이라 여길 수 있다. 내가 보는 나와 남들이 바라보는 나의 격차가 클수록, 당신은 주변 사람들을 이해하기 힘들고 울화와 분노가 치밀어 오를 것이다. 세상이 나를 공격한다고 여기게 될지도 모른다.

소통 가능성이란, 당신의 세상이 얼마나 객관적 타당성을 갖고 있는지의 문제다. 당신이 회사원이고, 당신의 멘탈을 갉아먹는 실수들이 사소한 것들이라고 치자. A가 당신을 찾아와 그 정도의 실수는 누구나 저지르니 스스로를 괴롭히지 말라고 조언한다. 그런데 그 말이 고맙기는커녕 A가 가증스럽다고 느껴진다면 당신의 현상학적 장은 문제가 있는 것이다.

반면에 당신과 A가 외과 의사라고 치자. A가 당신을 찾아와 의사로서 환자를 진단하거나 치료할 때 저지르는 실수에 대해서 좀 느긋하게 대처하라고 말한다면, 소통이 안 되는 쪽은 오히려 A일 것이다. 그런 실수는 환자뿐만 아니라 병원에도 피해를 입히기 때문이다. 이 경우라면 실수에 대한 태도를 고쳐야 하는 쪽은 A이며, 만약 A가 남들의 지적을 받아들이지 않고 자기 태도를 고수한다면 문제가 있다고 볼 수 있다.

우리는 비록 각자의 세상에 살고 있지만, 남들의 생각이 나와 완전히 똑같지는 않다는 사실을 알고 있다. 즉, 내가 보는 세상과 남들이 보는 세상의 차이를 인식하는 것이다. 그리고 가능하면 남이 보는 세상이 어떤지 배우고, 그 세상에 맞춰 살거나 최소한 충돌은 피하기 위해 노력한다.

하지만 어떤 사람은 자기가 보는 세상이 남들이 보는 세상과 너무 다르다고 느낀다. 그런 사람은 세상이 미쳤거나 혹은 내가 미쳤다고 인식할 것이다. 그리고 두 가지 결론 다 불안하기는 마찬가지다. 세상이 미쳐도 위험하고, 진짜로 내가 미쳤다면 사태는 정말 심각하지 않겠는가. 이런 상태를 부적응, 정신 건강의 위기라고 말한다.

남들에게 존중받기 위한 조건이 따로 있을까?

그렇다면 현상학적 장의 소통 장애는 왜 생기는 걸까? 로저스는 '조건적 존중'만 받아본 경험 때문이라고 판단했다.

부모님이 시험에서 100점을 받아야 기뻐해주고, 100점을 못 받을 때 미지근한 반응을 보인다면 아이는 100점을 받아야 부모를 기쁘게 하는 존재가 된다고 느낀다. 조건을 충족해야만 존중받는 경험은 조건적 존중이다. 이런 경험이 쌓일수록 사람들은 자신이 세상에서 소중한 사람이 되기 위해서는 반드시 조건을 갖추어야 한다고 확신하게 된다.

문제는 존중받기 위한 조건을 완벽하게 갖춘 사람은 없다는 것이다. 누구도 모든 시험에서 늘 100점을 받을 수는 없다. 그러면 당신은 존재의 위기를 겪는다. 100점을 받지 못한 나는 이제 존중받을 자격이 없는 인간인가? 아니면 이번 시험을 아예 없던 일로 치거나 시험 문제 자체가 잘못된 거라고 스스로 속일 것인가?

현실을 정직하게 받아들이면 나는 가치 없는 인간이 되고, 가치 있는 인간이 되려면 현실을 왜곡해야 한다. 만약 당신이 후자를 선택한다면, 존중의 조건에 부합하지 못하는 자신을 발견할 때마다 사실을 조금씩 고쳐야 한다. 그래야 자격을 충족했다고 믿을 테니까. 그리고 그때마다 당신의 세계는 타인의 세상과 조금씩 멀어져간다.

그렇다면 내 주관적 세계를 다시 소통 가능한 거리로 좁힐 방법은 없을까? '무조건적(긍정적) 존중'이 거리를 좁혀줄 것이다. 무조건적 존중이란, 어떤 조건과도 상관없이 그저 존재 자체로 존중받는 경험을 말한다. 무조건적인 존중 경험이 쌓이면 내가 어떤 실수나 잘못을 저지르더라도, 그것과 상관없이 나는 존재 자체만으로 존중받을 자격이 있다는 걸 알게 된다. 느낌이 쌓이면 믿음이 되고, 그 믿음은 건강한 자존감의 원천이 된다.

로저스의 이론에 따르면, 어릴 적부터 양육자로부터 무조건적인 존중을 받아야 단단한 자존감을 형성할 수 있다. 하지만 어릴 적에 무조건적인 존중을 충분히 받으며 성장한 사람은 그리 많지 않다. 대부분은 결핍된 존중과 충분한 존중 사이의 어디쯤에서 자랐을 것이다. 그런 사람들이 흔히 하는 착각은 내 자존감이 낮은 이유는 부

문제는 존중받기 위한 조건을
완벽하게 갖춘 사람은 없다는 것이다.
누구도 모든 시험에서 늘 100점을 받을 수는 없다.
그러면 당신은 존재의 위기를 겪는다.
100점을 받지 못한 나는 이제 존중받을 자격이 없는 인간인가?
아니면 이번 시험을 아예 없던 일로 치거나
시험 문제 자체가 잘못된 거라고 스스로 속일 것인가?
현실을 정직하게 받아들이면 나는 가치 없는 인간이 되고,
가치 있는 인간이 되려면 현실을 왜곡해야 한다.

모를 비롯한 남들 탓이라는 생각이다.

  어릴 적에는 그 생각이 옳다. 그 시절 나는 부모를 선택할 수 없었고, 부모의 존중에 의존해야 살아남을 수 있는 나약한 존재였다. 하지만 이제 당신은 성인이다. 그 척박한 토양에서 버티어낸 생존자이고, 누군가의 존중에 의존하지 않아도 잘살 수 있는 어른이다. 물론 성인이 돼도 있는 그대로 존중해주는 사람은 필요하다. 가족, 연인, 친구들이 당신의 조건이 아니라 당신의 존재만으로 사랑하고 존중해준다면 어떤 고난을 겪어도 버틸 수 있을 것이다. 그러나 여기에는 전제가 있다.

  먼저 자기 자신을 무조건적으로 존중할 줄 알거나, 최소한 그렇게 하려는 노력을 해야 한다는 것이다. 자신과 타인을 존중하지 못하는 사람은 상대가 누구든 무조건적인 존중의 관계를 맺을 수 없다. 타인을 대할 때 급을 나누거나 차별하는 사람이 타인을 무조건적으로 존중하기란 어렵기 때문이다.

무조건적 존중이
어렵다면

물론 처음부터 '무조건적'으로 존중하기 어려울 수도 있다. 그렇다면 우선은 존중의 기준을 조금 낮추어보는 것도 도움이 된다. 존중받기 위해 위대하고 완벽한 사람일 필요는 없다. 조금 너그러운 시선으로 자신과 타인을 바라본다면 괜찮은 면들이 보이기 시작한다.

'무조건적 존중이라니? 경쟁 사회에서 그런 안일한 태도보다는 조건적 존중이 먼저 아닐까? 시험 만점을 못 받아도 존중받는다면, 누가 굳이 만점을 받기 위해 노력하지?'라고 생각할 수도 있다. 하지만 그렇지 않다. 누구에게나 지금의 나보다 더 나아지고 싶은 마음이 있다. 성장하고 싶은 욕구, 자기가 잘하는 걸 더 잘하고 싶은 욕구는 누구에게나 있다. 하지만 그 성취나 성장이 내 가치를 결정하는 조건이라고 여기면 두려워진다. 성장하려는 노력보다는 존중의 조건을 위배하지 않기 위해 노력하게 된다.

반면에 무조건적 존중을 받으며 튼튼한 자존감이 만들어지면 실패를 두려워하지 않게 된다. 실패해도 나라는 사람의 가치가 손상되는 것은 아니니까. 그러면 존중받기 위해 현실을 왜곡할 필요도 없다. 좋은 경험이든 나쁜 경험이든 솔직하게 받아들이고, 자기 자신과 세계를 더 잘 이해하면 된다. 그러니 무조건적인 존중은 정신 건강을 위해 반드시 필요하다.

세상은 존재하는 사람의 수만큼
다르게 존재한다

우리나라처럼 경쟁이 치열하고 탈락자에게 가혹한 세상에서 무조건적 존중을 경험하기란 갈수록 어려워지고 있다. 게다가 SNS는 각자의 주관적 세계의 격차를 극단적으로 키운다. 어떤 커뮤니티에 접속하고, 누구를 팔로우하느냐에 따라 내가 사는 세상은 남들이 사는 세상과 멀어질 수 있다.

   존중의 기준도 비틀리기 쉽다. 온라인의 인플루언서들은 나와 직접 소통할 정도로 가까이 있는데, 나보다 훨씬 멋지고 부유하고 인기 있다. 사실 그들은 세상의 극히 일부일 뿐만 아니라 그조차도 연출된 모습이지만, SNS만 보면 이 세상은 전부 그런 이들로 가득한 것 같다. 그러다 보니 자기 만족과 존중의 기준은 한없이 높아지고 나는 끝없이 초라해진다. 사람과 사람 사이의 주관적 세계가 지나치게 극단화되고, 건강한 소통이 되지 않을 만큼 무조건적 존중이 결핍되면 정신 건강을 지키기는 어렵다.

   "우리는 세상을 보는 시각의 노예다. 모두에게는 자기만의 진정한 현실(Real World)이 있다. 현실의 숫자는 이 세상에 존재하는 사람의 숫자만큼 많다. 만약 모두 각각 다른 현실 속에서 살고 있다는 사실을 인정한다면, 완전히 새로운 시대가 시작될 수도 있다."

로저스의 말처럼 상대의 세계에 귀 기울이고 공감할 때 진정 상대를 존중할 수 있고, 우리는 그제야 건강하고 행복한 관계를 만들어나갈 수 있다.

라타네의 방관자 효과

모두의 책임은
누구의 책임도 아니다

큰 사건, 사고 소식이 들리면 회사에서 평소 대화하지 않던 사람들끼리도 모여서 이야기 나누는 모습을 보곤 한다. 불안감이 사람들을 모이게 만드는 것이다.

대부분 동물은 위험을 느끼면 동료와 가까이 있으려고 한다. 함께 있으면 혼자 있을 때보다 감당해야 할 위험이 분산되고, 집단의 위력을 발휘해서 막아낼 수도 있기 때문이다. 또 우리는 낯선 위험 상황에서는 혼자만의 판단보다 나보다 더 나은 사람이 내리는 판단을 따르고 싶어 한다. 어느 쪽이 옳은지 확신할 수 없을 때, 다수결의 원칙을 적용하기에도 좋다.

이렇듯 위기 상황에 함께 모이는 모습은 안전 추구 본능의 결과다. 그러나 이런 행동이 어떤 경우에는 방관자 효과로 이어지기도 한다.

너무 많은 목격자는 오히려 방관자가 된다

방관자 효과는 1964년 뉴욕에서 벌어진 '키티 제노비스 사건'을 설명하기 위해 만들어졌다. 퀸스 지역의 한 술집 매니저로 일하던 피해자 캐서린 제노비스가 새벽 3시 경, 아파트로 돌아가다가 강도의 습격을 받아 사망했다. 당시 사건을 보도한 〈타임〉의 기사에 따르면 그 시간, 그 습격을 보거나 들은 동네 사람이 38명이나 됐지만, 제노비스가 30분 넘게 사투를 벌이는 동안 아무도 그녀를 돕거나 신고하지 않았다. 그래서 그녀의 비극은 도시인의 냉정함과 이기심을 상징하는 사건이 됐다.

심리학자 비브 라타네는 이 사건이 정말 '도시에 사는 현대인들이 남의 일에 무관심해졌기 때문'에 발생했는지 의문을 가졌다. 그는 사람들이 신고하지 않은 이유가 역설적으로 너무 많은 사람이 목격했기 때문일지 모른다고 생각했다. 1968년, 라타네는 이 가설을 확인하기 위한 실험을 준비했다.

실험에서는 참가자들을 대기실에서 기다리게 한 뒤, 그 방에 연기를 흘려보냈다. 그리고 참가자들이 얼마나 빨리 방에서 나와 신고하는지 측정했다. 연기는 근처에 불이 났을 가능성을 의미하는 위험한 신호다. 그 결과, 혼자 대기하던 참가자의 75%가 2분 이내에 신고했다. 하지만 함께 있는 사람이 많을수록 신고율이 낮아졌고, 신고까지 걸리는 시간도 길어졌다.

특히 진짜 실험 참가자 한 명과 연기에 반응하지 않도록 지시받은 가짜 참가자 두 명을 함께 대기하게 만든 조건에서는 더 극적인 결과가 나타났다. 연기가 자욱해 시야가 흐려질 정도의 위험한 상황에서도 고작 13%만이 신고한 것이다.

여기서는 두 가지 조건이 작용했다. 우선 상황이 모호했다. 방에 연기는 자욱했지만, 화재 경보가 울리지 않아 불이 났는지 확실하지 않았다. 그리고 주변 사람들도 아무 일 아닌 듯 가만히 있었다. 타인의 태도를 보고 행동을 주저한 것이다. 라타네는 이 무책임한 구경꾼의 반응을 '방관자 효과'라고 이름 붙였다.

모두의 책임은
누구의 책임도 아니다

라타네에 따르면 방관자 효과는 다음과 같은 조건에서 더 잘 나타난다.

첫 번째는 주변에 많은 사람이 있을 때다. 같은 상황을 공유하는 당사자가 늘수록 내 책임은 줄고 누군가 나 대신 행동할 것이라는 생각을 하게 된다. 이는 "모두의 책임은 누구의 책임도 아니다"라는 영국 속담이 의미하는 바와 같다.

두 번째는 상황이 모호할 때다. 자기가 가진 정보만으로는 답이 없는 상황일 때, 우리는 남의 행동을 따르려고 한다. 내가 답을 모를 때 정답을 아는 누군가를 참고하는 것은 당연하다. 문제는 남도 답을 모를 수 있다는 점이다.

제노비스 사건이 벌어졌을 때 주변에 있던 사람들이 그랬다. 12명은 제노비스의 비명을 들었다. 그러나 당시 추운 겨울이라 창문을 꼭 닫고 있었기에 그 소리가 도움을 요청하는 비명인지 혹은 평소처럼 누군가 길거리에서 화를 내며 소리치는 건지 구별하지 못했다. 다른 연구에서 밝혀진 바에 따르면, 누군가 상처를 입고 도움이 필요한 상황이라는 게 명백하면 거의 100%의 확률로 사람들은 돕는다고 밝혀졌다.

세 번째, 남들이 방관하는 행동을 보이는 상황이다. 이는 두 번째 조건과도 이어진다. 상황이 모호하면 남들 눈치를 보게 되는데 그들 모두 가만히 있으면 나도 가만히 있게 된다. 남들 앞에서 튀는 존재가 되기 싫어서 방관하는 경우다.

네 번째는 남들의 평가가 신경 쓰이는 상황이다. 이 역시 세 번째 조건과 이어진다. 아무리 봐도 누군가 나서야 하는 상황인데, 남들이 가만히 있으면 누구나 이런 고민을 한다. '남들이 저러는 데는 뭔가 이유가 있는 것 아닐까? 잘 알지도 못하면서 나서도 될까?' 특히 또래의 평가에 민감한 청소년기에는 이런 이유로 학교 폭력의 방관자가 되기 쉽다.

다섯 번째, 권력 관계도 원인이 될 수 있다. 군대처럼 상하 위계가 뚜렷한 사회에서는 낯선 상황에서 어떤 행동을 하기 전에 최상급자의 지시를 기다리는 경향이 커진다. 만약 자기 마음대로 행동했다가 상급자의 명령과 어긋나게 되면 큰 처벌을 받기 때문이다.

마지막으로 방관자가 되기 쉬운 개인적인 성향도 있다. 우선 자신감이 없는 사람들은 방관자가 되기 쉽다. 어떻게 해야 할지 알아도 남들이 가만히 지켜보면 '저 사람들도 가만히 있는데 내가 뭐라고 나서나?'라는 생각이 들 것이다. 물론 나섰다가 오히려 내게 위험이 닥칠 것 같아서 겁먹고 방관자가 되는 경우도 없지 않을 것이다. 그러나 실제 상황에서 그런 일은 거의 없다. 비겁하거나 이기적인 방관자보다 어쩔 줄을 몰라서 머뭇거리는 방관자가 더 많다는 이야기다.

낄 때와 빠질 때를
구별하는 게 중요한 이유

보통 방관자 효과는 인간의 무책임한 본성 때문이며, 방관자는 나쁘다고 받아들인다. 사실은 그렇지 않다. 방관자가 되려는 본능도 필요할 때가 있기 때문이다.

   방관자 효과가 나타날 가능성이 높은 조건을 생각해보자. 모두 성급하게 나서기보다 일단 지켜보는 것이 나은 상황들이다. 예를 들어, 주변에 사람이 많을 때 방관자 효과가 커지는 것은 실제로 그 많은 사람 중 나보다 문제를 잘 해결할 사람이 있을 가능성도 높기 때문이다. 상황이 모호한데 당신의 판단이 옳다는 확신이 없는 경우에도 그렇다. 위계 서열이 명확한 조직에서 하급자가 상급자의 지시를 기다리는 것은 방관이 아니라 주어진 역할을 수행하는 것이다. 자신감이 없는 사람이 나서지 않는 것도 당연하다. 자신감은 그 사람이 지금까지 얼마나 믿을 만한 행동을 했는지에 따라 결정된다. 자기 자신을 믿지 못하는 사람이라면 그럴 만한 이유가 있기 마련이다.

요컨대, 삶에는 방관해야 할 때가 있고 나서야 할 때가 있다. 문제는 가끔 우리가 이 두 상황을 잘못 판단한다는 점이다. 키티 제노비스의 비극은 사람들이 끼어들어야 할 때를 빠져야 할 때로 잘못 판단해서 벌어진 일이다.

라타네의 실험은 어떤 조건에서 우리는 자신의 생존이나 미래에 관한 일에 대해서도 무책임한 구경꾼이 될 수 있음을 보여준다. 아이러니하게도 나에게 중요한 일, 시급하고 위급한 상황일수록 방관자 효과에 빠질 가능성이 높다. 처음에 이야기한, 불안할수록 모여드는 본능 때문이다. 많은 사람 속에 섞여 있을수록 마음이 놓이지만, 그렇게 느슨해진 마음은 결국 방관자 효과를 불러들인다.

그렇다면 반대로 방관자가 돼야 할 때 오히려 잘못 나서는 경우는 없을까? 왜 없겠는가. 현대인의 아이러니는 책임을 져야 할 곳에서 방관자가 되려 하고, 정작 방관해야 하는 타인의 삶에 대해서는 이리저리 참견하고 평가하려 든다는 점이다. 예를 들어, 온라인에서는 타인의 삶에 대한 도를 넘은 관심과 참견이 난무한다. 그곳에는 온갖 사소한 사건이나 언행을 가지고 감탄하거나 분노하고, 칭송과 단죄의 욕구가 불타오른다.

방관자는 책임지지 않는 사람이다. 스스로 져야 할 판단과 선택에 관한 책임을 누군가에게 떠넘기고 싶을 때, 우리는 방관자가 된다. 과거에 비해 안전이 보장된 현대 사회에서 사람들이 모여드는 이유는 불안해서가 아니라 무책임한 방관자가 되고 싶어서가 아닐까. 책임지지 않고 구경하며 훈수만 두는 삶은 편리하기 때문이다.

그러나 어떤 문제는 반드시 당신이 책임지고 나서야 한다. 자신의 인생과 미래에 관한 문제도 SNS의 '좋아요'나 '하트' 숫자에만 의존해 결정하겠다면 당신은 지금 자기 삶의 방관자가 되려는 중이다. 그러나 SNS는 책임져 주지 않는다. 당신의 삶은 오로지 당신 책임이다.

방관자는 책임지지 않는 사람이다.

스스로 져야 할 판단과 선택에 관한 책임을

누군가에게 떠넘기고 싶을 때, 우리는 방관자가 된다.

과거에 비해 안전이 보장된 현대 사회에서

사람들이 모여드는 이유는 불안해서가 아니라

무책임한 방관자가 되고 싶어서가 아닐까.

책임지지 않고 구경하며 훈수만 두는 삶은

편리하기 때문이다.

짐바르도의 가상 감옥 실험

누구나 유혹에 빠질 수 있다,
아직 기회가 오지 않았을 뿐

자리가 사람을 만든다는 말은 정말일까? 이 말은 누구든 책임을 져야 할 직책을 맡으면 이를 감당하기 위해 노력하게 되고, 결국 그 자리에 걸맞는 능력이나 자세를 갖추게 된다는 뜻이다.

능력에 관한 이야기가 아니라 성향이나 성품에 관해서라면 맞는 말일지 모른다. 학교 선생님들이 교실에서 선생님이라는 자리를 지킬 때는 점잖고 근엄하다. 원래 그런 사람이어서라기보다 선생님의 역할을 하기 위해서다.

자리가 미치는 영향력은 좋은 방향일 수도 있지만, 정반대일 수도 있다. 필립 짐바르도의 가상 감옥 실험은, 자리가 사람의 인성을 나쁜 방향으로 만들 수 있음을 보여준 예라고 할 수 있다.

1970년 미국 서부의 명문 대학인 스탠퍼드 대학 인근 마을인 팔로 알토에서는, 다른 미국의 대학과 마찬가지로 베트남 전쟁에 반대하는 대학생 시위대와 이를 진압하고 체포하는 주 정부군이나 경찰들 간의 갈등이 심각한 사회문제로 비화됐다. 게다가 시위로 편이 갈라진 일부 강경파 주민들과 학생들, 경찰들은 평소에도 사소한 일로 큰 시비가 붙곤 했다. 이때 짐바르도 교수는 경찰과 학생들이 서로 입장을 바꿔보는 프로그램을 만들면, 이런 갈등을 완화하는 데 도움이 될 거라 생각했다.

그래서 그는 그전에는 한 번도 해본 적이 없는 파격적인 실험을 진행했다. 이것이 바로 그 유명한 가상 감옥 실험이다.

익명성 뒤에 숨어 있는
인간의 잔인함

가상 감옥 실험은 이렇게 진행됐다. 짐바르도 교수는 우선 지역 신문에 광고를 내서, 매일 15달러씩을 받고 2주간 교도소 실험에 참여할 남자 대학생들을 모집했다. 그렇게 평범한 대학생 24명을 모집한 후 동전 던지기로 12명에게는 죄수, 나머지 12명에게는 간수 역할을 맡겼고, 스탠퍼드 대학 심리학과 지하실에 가상의 감옥을 만들어 이들을 투옥했다.

실험이 진행되면서 간수들은 죄수들에게 가혹 행위를 하기 시작했고, 죄수들은 심각한 스트레스와 우울증을 겪었다. 심지어 짐바르도 교수마저 실험의 본래 목적을 잊고 진짜 교도소장처럼 행동하기 시작했다. 결국 뒤늦게 실험을 참관한 동료 크리스티나 마슬락이 실험의 비윤리성을 강력하게 경고한 결과, 짐바르도 교수는 6일째 되던 날 아침에 이 실험을 끝냈다.

생각해 보면 정말 이해할 수 없는 일이다. 그 감옥은 진짜가 아니었다. 그들은 진짜 간수도, 진짜 죄수도 아니었다. 참여한 이들은 이 사실을 누구보다도 잘 알고 있었다. 그들은 간수나 죄수가 되기 위해서가 아니라 단지 흥미로운 경험도 하고 돈도 벌기 위해서 그곳에 갔을 뿐이었다.

죄수와 간수는 동전 던지기로 정했다. 간수가 죄수보다 도덕적으로 더 우월하지 않다는 건 모두 알고 있었다. 그곳은 역할 체험의 공간이었지, 법이나 정의를 실현하는 곳이 아니었다. 그럼에도 불구하고 그들은 단 5일 만에 마치 그 상황과 역할이 자기 인생의 전부인 것처럼 행동했다.

죄수 역할을 맡은 이들은 이 가짜 감옥에서 만난 동료 가짜 죄수와의 의리를 지키지 못하면 자신이 평생 배신자가 될 것처럼 행동했고, 간수 역할을 맡은 이들은 교도소의 규율을 유지하기 위해서라면 무슨 짓이든 해야 한다고 믿었다. 그래서 평소라면 절대 하지 않았을 가혹한 행동을 실제로 아무 죄도 저지르지 않은 무고한 동료 피험자에게 거리낌 없이 저질렀다.

이 가상 교도소에서 가장 잔인하게 죄수들을 학대해서 '존 웨인(미국의 연쇄 살인범)'이라는 별명까지 얻었던 간수 대학생은 평소에는 아주 점잖고 친절한 신사였다. 그의 잔인성은 오직 간수라는 역할을 할 때만 나타났다. 심지어 이 실험의 책임자였던 짐바르도 본인도 실험의 보안 강화를 위해서 참가자들을 실제 교도소로 이송하기 위한 구체적인 계획을 세우려고까지 했다.

이 실험은 계획부터 실행까지 오류와 혼란으로 가득한 망한 실험이었다. 연구자부터 참가자까지 모두가 실험 상황에 빠져들어 원래 자신이 어떤 사람인지 잊었고, 해서는 안 되는 행동을 반드시 해야 하는 것이라 착각했다. 이 상황이 실험에 불과하다는 사실을 기억하고 있었던 참가자는 단 두 명이었다. 그들은 매일 아침 일어나자마자 "이건 실험이야"라고 스스로에게 말했다.

선과 악의 경계에서

짐바르도의 가상 감옥 실험은, 상황과 역할이 개인의 행동에 얼마나 큰 영향을 미칠 수 있는지 보여준 충격적인 사례다. 짐바르도는 이 실험에 대해서 "선한 사람과 악한 사람 사이의 경계선에는 침투성이 있다. 상황의 힘이 충분히 강하다면 거의 모든 사람이 그 경계를 넘을 수 있다"라고 말했다. 다시 말해, 선한 사람도 환경에 따라서 충분히 잔인해질 수 있다는 것이다. 여기서 상황은 굳이 진짜가 아니어도 상관없다. 가상의 공간일지라도 거기에 명확한 규칙과 역할만 주어진다면 상황의 힘은 충분히 발휘된다.

    일상에서도 이런 일은 쉽게 찾아볼 수 있다. 직장 내 괴롭힘이나 군대에서의 가혹 행위 역시 개개인으로는 착한 사람들이 조직의 위계질서 속에서 어떤 역할을 맡느냐에 따라 타인을 착취하고 학대하는 가해자가 되곤 하는 사례다. 온라인에서 벌어지는 공격적 언행도 비슷하다. 그들은 자신이 악행을 저지른다고 여기지 않는다. 그저 처벌받아 마땅한 이에게 교훈을 주어 정의를 실현하고 있다고 여긴다. 이렇듯 사람들은 자신이 심판자 혹은 처벌자의 역할을 수행한다고 믿으면 얼마든지 냉혹하고 잔인해질 수 있다.

더 나은 공동체를 위해
시스템을 개선해야 하는 이유

이 실험의 결과는 편견에 대해서도 다시 생각하게 만든다. 짐바르도에게 편견과 차별은 중요한 주제였다. 그는 여섯 살 때 유대인처럼 보인다는 이유로 동네 아이들에게 "더러운 유대인 놈"이라고 불리며 두들겨 맞은 기억을 잊지 못했다. 애초에 그가 이 실험을 고안한 이유도 편견의 본질을 이해하기 위함이었다.

우리는 범죄자에게는 보통 사람과 어딘가 다른 악한 요소가 있을 것이라고 생각한다. 성별이나 인종 혹은 직업에 대해서도 마찬가지다. 나와 다른 그룹에 속한 사람들이 본질적으로 나와 다를 것이라 믿는다. 이것이 바로 차별이다. 그러나 짐바르도의 실험에 따르면, 본성이 아닌 상황이나 입장이 다르기 때문에 다른 행동을 할 뿐이다.

미디어를 통해 누군가가 저지른 어처구니없는 실수나 잘못을 보면서 우리는 '나라면 절대 저런 행동은 하지 않을 것'이라고 생각하곤 한다. 그런 생각은 자리가 사람을 만드는 힘이 얼마나 강력한지를 모르기 때문에 하는 착각이다. 누구든 그 자리에 가면 그런 행동을 하게 될 수 있다. 그것이 '상황의 힘'이다.

아이러니하게도 상황의 힘이 얼마나 강력한지를 모르는 사람일수록 상황의 힘에 더 쉽게 끌려간다. 반면 자신이 상황에 의해 쉽게 흔들릴 수 있다는 사실을 알수록, 상황에 휘둘리지 않고 합리적인 판단을 할 가능성이 높다. 인간은 상황의 압력에 취약한 존재이기에, 앉은 자리에 따라 선한 사람이 될 수도 악인이 될 수도 있다. 짐바르도가 말했듯 "세상의 많은 악은 사악한 동기에서 비롯되는 것이 아니라, '프로그램을 따르라, 팀 플레이어가 되어라'라고 말하는 데서 시작"된다.

상황의 힘을 이해한다면 개인의 선악을 단순히 성격의 문제로만 치부할 것이 아니라, 구조와 시스템, 환경의 중요성에 대해 돌아볼 필요가 있다. 건강한 사회를 만들기 위해 개개인의 도덕성 함양도 중요하지만, 그에 못지않게 우리를 둘러싼 제도와 문화를 개선하려는 노력이 필요한 이유도 그 때문이다.

아이러니하게도 상황의 힘이 얼마나 강력한지를
모르는 사람일수록 상황의 힘에 더 쉽게 끌려간다.
반면 자신이 상황에 의해
쉽게 흔들릴 수 있다는 사실을 알수록,
상황에 휘둘리지 않고 합리적인 판단을 할 가능성이 높다.
인간은 상황의 압력에 취약한 존재이기에,
앉은 자리에 따라 선한 사람이 될 수도 악인이 될 수도 있다.

파블로프의 조건 반사

회사에서의 인간관계가
더 어려운 이유

받는 것도 없는데 만나면 좋은 사람이 있는가 하면, 준 것도 없이 괜히 싫은 사람이 있다. 대놓고 나쁜 인간보다 오히려 더 불편한 사람도 있다. 나에겐 A가 그렇다. 그는 특별히 나쁜 사람이 아닌데 거부감이 느껴진다. 왜 이런 걸까? 내 심성이 비뚤어진 걸까?

우리의 감정은 선천적이다. 높은 곳에서 떨어져 본 적이 없는 아이도 높은 곳에 올려놓으면 두려워하고, 처음 보는 물체라 할지라도 그 물체가 눈앞에 갑자기 튀어나오면 놀란다. 이런 감정들은 경험이 없어도 느낀다.

그러나 처음에는 느끼지 못했던 감정을 어느 순간 느끼게 될 때도 많다. 바퀴벌레를 보고 호기심을 보이던 아기가 언제부턴가 징그럽다는 감정을 느끼기 시작한다. 그네 타기를 하기 전에는 그네에 호기심만 보이던 아기가 그네에 익숙해진 다음에는 그네를 탈 생각만 해도 흥분하고 기뻐한다.

이런 변화는 어른이 돼서도 나타난다. 예전에는 생굴을 좋아하던 사람이 한번 식중독을 경험한 다음에는 생굴을 보면 역함을 느낀다. 마찬가지로 처음 만났을 때는 아무런 감정도 없었던 사람에 대해 시간이 지날수록 구체적인 감정이 생긴다. 후천적 감정이다.

감정은 그저 기분으로 끝나지 않고, 행동으로 이어진다. 호기심은 가까이 가서 들여다보려는 행동을 하게 만든다. 징그럽다는 감정은 그 대상을 피하게 만든다. 전화벨 소리가 들리는데 가만히 있으면 신경이 쓰이고 불안해서 결국 전화를 받게 된다.

의지와 상관없이 일어나는 몸의 반응도 감정에 의해 생긴다. 좋아하는 음식이 나오면 군침이 나온다. 어떤 자리에는 앉기만 해도 졸음이 몰려오고, 어떤 상황은 나도 모르게 긴장해서 몸을 굳게 만든다.

태어났을 때는 없던 감정이 경험을 통해서 만들어진다는 것은 모두가 알고 있다. 그런데 구체적으로 어떤 원리에 의해 그런 일이 생기는 걸까? 왜 어떤 경험은 새로운 감정이나 반응으로 이어지는데, 다른 경험들은 그렇지 않은 걸까? 왜 내가 원하는 감정들은 잘

안 생기는 반면 원치 않는 감정들은 자꾸 늘어나는 걸까? 이 질문의 답은 1900년대 초 러시아에 살던 이반 파블로프의 연구에서 찾을 수 있다.

나의 몸이 기억하는 감정들

파블로프는 원래 생리학자였다. 그것도 세계적으로 유명한 생리학자였다. 그는 소화액 분비의 메커니즘에 관한 연구로 1904년 노벨 생리학상을 받았다. 그런데 이 노벨상 시상식에서 그는 앞으로 생리학이 아닌 다른 분야를 연구할 계획이라고 말했다. 그것이 바로 조건 반사 연구였다.

 이 조건 반사 현상은 우연히 발견됐다. 앞서 말했듯 파블로프는 침에 포함된 소화효소의 효과에 대해 연구했고, 이를 위해 개가 먹이를 먹을 때 침이 언제, 얼마나 분비되는지 측정해왔다.

 그런데 실험이 계속되면서 이상한 현상이 나타났다. 처음에는 개가 먹이를 먹을 때만 침을 흘리더니, 나중에는 먹이와 상관없이 그저 그 먹이를 가져다주는 조교를 보거나 조교의 발소리만 들어도 침을 흘리는 것이다. 먹이의 양에 따른 침 분비량을 측정해야 하는 파블로프 입장에서는 골치 아픈 문제였다. 실험실에 들어온 개들이 몇 개월, 심지어 몇 주만 지나면 먹이를 주기 전에 제멋대로 침을 흘리니 측정 결과가 뒤죽박죽이 되고 만 것이었다.

보통의 학자라면 이런 문제를 골칫덩이로만 여겼을지 모른다. 그러나 파블로프는 달랐다. 그는 오히려 이 현상에 주목했고, 왜 개가 먹이와 상관없이 침을 흘리는지 연구하기 시작했다. 이것이 조건 반사 연구의 시작이다.

'파블로프의 개'로 알려진 이 연구는 워낙 유명해서 대부분의 독자가 알고 있을 테니 간단히만 살펴보자. 먹이를 먹을 때 침이 나오는 것은 선천적인 반응이다. 이 본능적인 반사 반응은 '무조건 반사'라고 하고, 이 무조건 반사 반응을 이끌어내는 자극(여기서는 먹이)은 '무조건 자극'이라 한다. 그리고 처음에 무조건 반사 작용을 유발하지 않던 것들이 있다. 개에게 먹이를 주던 연구실 조교, 그 조교의 발소리 혹은 일부러 파블로프가 개에게 먹이를 주기 전에 들려준 벨소리 같은 것들이다. 이런 자극은 '조건 자극'이라 한다. 시간이 지나 조건 자극만 받고서도 개가 침을 흘리면 이제 개는 '조건 반사'를 하게 된 것이다.

조건 형성은 기억의 일종이다. 단, 머리가 아닌 몸이 하는 기억이라고 할 수 있고, 이런 몸의 기억이 감정이다. 어떤 사람이나 물건만 보면 특정 감정이 떠오르는 것도 이 때문이다. 당신의 몸이 그 사람이나 물건과 함께 느낀 감정을 기억했기 때문이다.

이유 없는
감정은 없다

조건 형성의 원리에 따르면 당신의 감정에는 분명 이유가 있다. 지금 당신이 그 사람에 대해 느끼는 거부감은 언제부턴가 조건 형성된 것이다. 이러한 조건 형성은 최소한 다음의 세 가지 조건을 충족해야 이루어진다.

첫 번째 조건은 시간 간격이다. 예를 들어, 벨 소리가 들리는 시각과 먹이가 나오는 시각 사이의 간격이 짧을수록 조건 형성은 빨리 되며, 먹이와 벨 소리 사이의 시간 간격이 길어질수록 조건 형성은 늦어진다.

이 원칙을 당신에게 적용해보자. 당신이 A에 대해 느끼는 거부감이 모호한 것도 시간 간격 때문일 수 있다. 만약 A가 당신을 만나자마자 대뜸 불쾌한 말이나 행동부터 했다면 그가 왜 싫은지 금방 알았을 것이다. 그러나 A가 당신과 만나 이야기를 한참 하다가 틈틈이 불쾌한 언행을 했다면, 막연한 거부감만 느낄 뿐 명확한 이유를 깨닫는 데 시간이 걸릴 것이다.

두 번째는 일반화다. 벨 소리에 조건 형성된 개는 그 벨 소리와 비슷한 알람 소리나 자전거의 따르릉 소리에도 침을 흘린다. 자라 보고 놀란 사람은 솥뚜껑 보고도 놀란다. 이 조건에 따르면 A에 대한 거부감은 어쩌면 A의 탓이 아닐지 모른다. A와 닮은 다른 사람에 대한 거부감이 A에게까지 일반화된 것일 수도 있다. A와 비슷한 말투를 쓰거나 같은 부서에 있는 누군가가 진짜 당신이 싫어하는 사람일 수도 있다.

마지막은 반복 횟수다. 파블로프의 개가 벨 소리에 침을 흘리게 된 것은 최소 해당 경험을 7번 한 다음부터였다. 이 경우라면 아직 당신이 A와 겪은 불쾌한 경험의 횟수가 많지 않아서 감정이 뚜렷하게 조건 형성되지 않았을 수 있다. 당신이 느끼는 거부감이 무엇 때문인지 확실하게 알려면 더 많은 시간이 필요할 것이다.

즉, 당신 감정의 원인에는 다양한 가능성이 있다. A와 비슷한 다른 사람에 대한 감정이 A에게 일반화됐을 수도 있고, A와 자주 만나는 사이는 아니어서 우연히 접한 말이나 행동을 곡해하거나 과장해서 받아들였기 때문일 수도 있다. 혹은 정말로 A를 피해야 할 이유가 있을 수도 있다.

그러면 이 감정은 어떻게 처리하는 게 좋을까? 이유에 따라 다르다. 대화가 길어질수록 문제가 생긴다면 요점만 간략히, 우호적으로 대화를 끝내려고 노력한다. A와 관련된 다른 사람이나 사건이 문제라면 A가 아니라 그들을 피할 일이다.

그는 당신의 생각만큼
나쁜 사람이 아닐지 모른다

중요한 사실이 하나 더 있는데, 조건 형성에는 차별성이 있다는 점이다. 우리는 좋은 경험보다 나쁜 경험에 대해 훨씬 쉽고 빠르게 조건 형성된다. 앞서 말했듯, 개가 벨 소리에 침을 흘리기 위해서는 최소 7번 이상의 반복 경험이 필요하다. 그러나 어떤 음식을 먹고 배탈이 난 개는 그 즉시 그 음식을 기피한다. 다시 말해, 음식에 대한 거부감이 조건 형성되는 데에는 단 한 번의 배탈만으로 충분하다.

나쁜 경험에 대한 조건 형성이 더 잘 되는 이유는 그게 생존에 유리하기 때문이다. 어떤 음식이 맛있었는지는 기억하지 못해도 죽을 일이 없다. 그러나 배탈 난 음식을 단번에 기억하지 못하면 계속 배탈이 날 수 있고, 배탈을 자주 겪으면 쇠약해졌다가 죽을 가능성도 높아진다.

사람도 마찬가지다. 우리는 좋은 일보다 위험하거나 불쾌했던 일을 더 잘 기억한다. 그러니까 어떤 사람에 대한 좋은 인상을 형성하는 데는 꽤 오랜 시간이 걸리지만, 불쾌한 인상은 한두 번의 경험만으로 뚜렷이 새겨진다.

그렇다면 A는 당신의 생각만큼 나쁜 사람이 아닐지도 모른다. 당신이 A를 싫어하게 된 것은 A가 상습적으로 불쾌한 짓을 하는 인간이어서가 아니라, 가끔 A 주변에서 벌어지는 불쾌한 사건을 하필이면 당신이 경험했기 때문일 수도 있다.

이를 확인하기 위해서는 어떻게 해야 할까? 실제로 A가 다른 사람들에 비해 얼마나 더 많이 불쾌한 사건에 엮이는지 세어보는 것도 방법이다.

이 마지막 조건은 우리가 직장에서 만나는 사람 중 마음이 편한 사람은 적은 반면, 불편하거나 불쾌한 사람이 더 많은 이유를 설명해준다. 누군가를 볼 때마다 기분이 좋아지는 사람이 있다면, 그 사람과 함께 있을 때 나쁜 경험은 거의 하지 않았고 좋은 경험은 상당히 많이 했다는 뜻이다. 반면 그 사람과 불쾌한 경험을 한두 번이라도 함께했다면, 그 사람과 쌓아왔던 나쁘지 않았던 경험들은 전부 지워지고 불쾌함만 남을 것이다.

그러니 만약 당신 곁에 마음 편히 속 이야기를 할 수 있는 사람이 있다면 그 사람을 정말 귀하게 여겨야 한다. 그 사람에 대한 호감은 오랫동안 천천히 형성됐을 것이고, 그 긴 시간 동안 불쾌한 경험은 거의 없었다는 뜻이기 때문이다. 그런 사람들 다시 찾기란 아주 어려울 것이다.

나쁜 경험에 대한 조건 형성이 더 잘 되는 이유는

그게 생존에 유리하기 때문이다.

어떤 음식이 맛있었는지는 기억하지 못해도 죽을 일이 없다.

그러나 배탈 난 음식을 단번에 기억하지 못하면

계속 배탈이 날 수 있고, 배탈을 자주 겪으면

쇠약해졌다가 죽을 가능성도 높아진다.

사람도 마찬가지다. 우리는 좋은 일보다

위험하거나 불쾌했던 일을 더 잘 기억한다.

그러니까 어떤 사람에 대한 좋은 인상을 형성하는 데는

꽤 오랜 시간이 걸리지만,

불쾌한 인상은 한두 번의 경험만으로 뚜렷이 새겨진다.

회사에서 주로 스트레스를 받는 것은 보통 사람 때문이다. 그런데 인간관계로 스트레스를 받는 이유가 주변 사람들이 정말로 나빠서가 아니라, 우리가 편향된 기억을 하기 때문이라는 사실을 깨달으면 조금은 여유가 생길지도 모른다. 내가 인간관계로 힘든 이유는 운이 없어서도 아니고, 인복이 없어서도 아니며 그저 내가 정상적이고 평범한 보통의 사람이기 때문이라는 뜻이니까.

5장

Anna Freud
Carl Gustav Jung
Alfred Adler
Aaron Temkin Beck

상처, 약함,
부족함이
가져다주는
기회들

매슬로의 욕구 5단계론

나는 왜 혼자가 편할까?

요즘 자주 만나던 친구들 모임에 나가지 않고 있다. 친구들은 의아해한다. 나는 모임에 빠지지 않던, 사교적이고 인기도 많은 멤버였으니까. 누군가와 다투거나 불편해진 친구가 있는 것은 아니다. 그런데 나가고 싶지 않다.

친구들은 무슨 문제가 있는지 묻는다. 나도 이유를 잘 모르겠다. 그저 요즘은 혼자 있는 게 편할 뿐이다. 잠수의 시간이 길어질수록 친구들의 궁금증은 걱정으로 변한다. 계속 이렇게 지내도 괜찮은 걸까?

처음부터 모임에 잘 나가지 않던 사람이라면 지금의 모습은 그저 내향적인 성격의 결과다. 내향적인 사람은 애초에 혼자 지내기를 좋아한다. 그런데 늘 활발히 활동하고 떠들썩하게 다니던 사람이 갑자기 변하면 친구들이 염려하는 것은 당연하다. 우울증에 걸렸거나, 개인적인 어려움을 겪고 있다고 생각할 수도 있다.

에이브러햄 매슬로의 욕구 5단계론에 따르면, 당신은 이제 혼자 있는 게 편해졌을 수도 있다. 그리고 그것은 반드시 나쁜 일은 아닐지 모른다.

우리는 모두 더 나은
내가 되고 싶다

매슬로는 러시아에서 미국 뉴욕으로 이주한 유대계 이민자 가정에서 태어났다. 그가 사는 동네에는 자기 이외에 유대인 소년이 없었기 때문에 마치 백인 학교에 입학한 첫 번째 흑인 같은 존재였다고 회고했다.

외톨이였던 그는 도서관에 처박혀 책과 함께 학창시절을 보냈다. 이후 위스콘신 대학 심리학과에 진학해서 원숭이의 애착 연구로 유명한 해리 할로 교수의 지도를 받았고, 앞서 다루었던 알프레드 아들러와《국화와 칼》의 저자 루스 베네딕트의 강의도 들었다.

매슬로가 보기에 이들은 모두 위대한 사람들이었고, 그는 이런 훌륭한 사람들의 특징을 연구하기 시작했다. 욕구 5단계론은 그 연구의 결과물이다.

매슬로는 누구에게나 더 나은 사람이 되려는 욕구가 있다고 봤다. 성장이란 타고난 잠재력을 실현하는 과정이었고, 그가 지켜본 위대한 인물들은 모두 자기 잠재력을 최대한 실현한 인간이었다. 매슬로는 이를 '자아실현'이라고 이름 붙였다.

자아실현은 모든 인간의 내면에 숨은 근원적인 욕구이며, 이루지 못하면 마음이 불편해진다. 단, 자아실현의 결과는 사람마다 다르다며 그는 이렇게 말한 바 있다.

"음악가는 음악을 만들어야 하고, 화가는 그림을 그려야 하며, 시인은 시를 써야 한다. 그래야 마음이 평안해진다."

모두에게 자아실현의 욕구가 있음에도 불구하고 그러지 못하는 이유는, 여러 단계의 전제조건을 갖추어야 하기 때문이다.

자아실현을 위한 첫 번째 계단은 '생리적 욕구'다. 섭식 욕구, 수면 욕구, 배변 욕구 등이 여기에 해당한다. 이 욕구를 충족시키지 못하면 우리 삶은 거기서 끝난다. 따라서 사람뿐만 아니라 모든 생명체는 최우선적으로 이 욕구를 추구한다. 특히 세상에 태어나 가장 미숙한 어린아이 시기에는 더욱 그렇다. 그런데 일단 이 욕구가 충

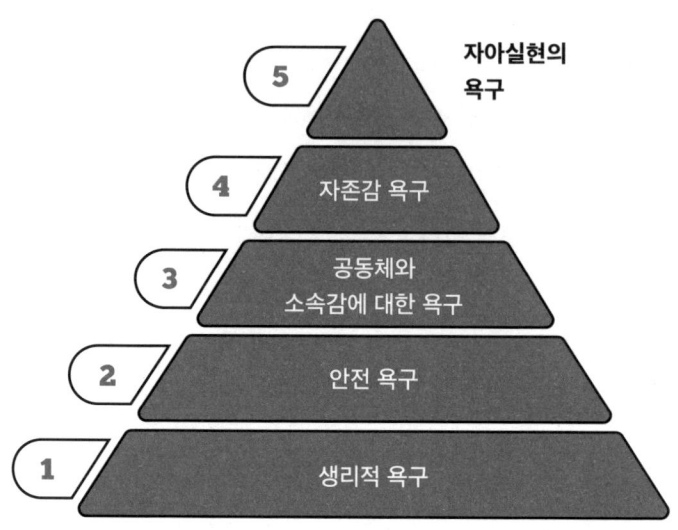

족되면 미래를 바라보기 시작한다.

첫 번째 단계가 충족되면 두 번째 단계인 '안전 욕구'에 눈뜬다. 안전이란 무엇일까? 오늘뿐 아니라 내일, 그 이후에도 살아가는 데 필요한 것을 얻을 수 있을 거라는 믿음, 미래에도 내 생존을 위협하는 존재로부터 보호받을 것이라는 보장이다. 이렇듯 안전 욕구는 생존 욕구의 연장선에 있다.

그럼에도 가끔 안전 욕구가 생존 욕구를 배신할 때도 있다. 예를 들어, 옛 원시인들은 죽을 위험을 감수하고도 크고 위험한 동물을 사냥했는데 그 이유는 사냥에 성공하면 한동안은 안전한 곳에서 배를 채울 수 있기 때문이었다. 미래의 안전을 위해 오늘 사냥하다 죽을 수도 있다는 위험을 무시한 것이다.

인간을 인간답게 만드는
세 가지 욕구

두 단계의 욕구가 충족된 사람들은 그다음 욕구에 눈을 뜬다. '공동체와 소속감에 대한 욕구'다. 이 욕구는 처음에는 단순히 지금 내가 누리는 생존과 안전을 누군가와 공유하고자 하는 마음에서 시작된다. 그러다 누군가를 만나고 점차 어떤 집단의 일원이 돼 소속감을 느끼며 사랑이나 보살핌을 교환하는 존재가 되고픈 욕구로 완성된다. 크게 보면 공동체 욕구는 안전 욕구의 확장이다. 한 명이 있는 것보다는 10명이, 10명보다는 100명이 함께 있을 때 더 안전하기 때문이다.

그런데 이 공동체의 욕구에 눈뜬 사람은 안전 욕구에서 벗어난다. 예를 들어, 우리는 사랑하는 사람에게 닥칠 위험을 막기 위해서라면 자신의 위험은 기꺼이 감수한다. 공동체에 대한 소속감은 이 사랑의 범위를 더 확장한다. 인명을 구조하기 위해 불 속으로 뛰어드는 소방관이나, 나라를 지키기 위해 전쟁터로 나서는 군인들, 감염의 위험을 감수하며 환자를 돌보는 의료인 등은 공동체를 위해 자신의 안전은 잠깐 미뤄둔다. 충성심 혹은 헌신이라고도 부르는 이 공동체 욕구는 인간을 인간답게 만드는 요소라고 할 수 있다. 인류는 공동체를 만들어 번영했고, 그 공동체는 바로 이 세 번째 단계의 욕구 덕분에 형성되고 유지될 수 있었다.

그런데 이 세 번째 욕구는 다시 다음 단계의 욕구를 불러온다. 공동체에 일단 소속된 사람들은 자신이 속한 공동체에서 인정과 존중을 받고 싶어진다. 이것이 네 번째 단계인 '자존감 욕구'다. 유명해지고 싶거나 높은 사회적 지위에 대한 욕구 혹은 부나 권력에 대한 욕구 등은 모두 이런 자존감 욕구의 다른 형태라 할 수 있다.

보통 사람들이 꿈꾸는 성공한 삶은 여기까지다. 그러나 실제로 이 단계에 도달하면 우리는 다시 그 이상을 원한다. 실제로 매슬로가 위대한 인물이라 여겼던 극소수의 사람들은 마지막 단계로 넘어갔다.

마지막 단계가 바로 '자아실현의 욕구'다. 이는 자신의 존재 의미와 삶의 목적에 관한 답을 찾으려는 욕망이다. 그 답은 남들이 알려주는 것이 아니라 자기 내면의 욕구에 달렸다. 위인들은 대부분 이 단계까지 다다른 사람들이다. 그리고 이 단계에 들어선 사람들은 그 이전의 욕구를 무시한다.

간디는 '인도의 독립'이라는 가치를 위해 가장 기초적이면서 생리적 욕구인 음식에 대한 욕구를 포기했다. 우리나라의 독립운동가들도 자신이 추구하는 정의와 원칙을 이행하기 위해 위험을 자처했다. 그들 중에는 사회적으로 높은 지위나 부를 보장받은 이들도 많았다. 그저 얌전히 식민정부의 시책에 순응하면 계속 보장될 것들이었다. 그러나 이들은 남들의 이목이 두려워서가 아닌, 오로지 자신이 추구하는 원칙을 지키고 부끄럽지 않게 살기 위해 목숨을 걸었다.

소속감보다 중요한
나만의 의미

한창 모임에 열심히 나갔다가 지금 모임에 참석하지 않는 당신의 상태를 매슬로의 욕구 단계에 따라 해석할 수 있을까?

일단 당신은 지금 적어도 공동체와 소속감 욕구를 무시하고 있다. 그다음 욕구 단계로 넘어간 것이다. 원인은 여러 가지다. 가장 흔한 이유는 '자존감 욕구가 충족되지 않아서'일 수 있다. 모임의 친구들로부터 존중받지 못하거나 만남이 계속될수록 자존감이 낮아진다면 그곳에서 벗어나는 게 현명하다. 이 경우라면 자신을 인정해주는 새로운 모임을 찾고 있는지 모른다.

자아실현이란 특별한 사람만이
중요하게 여기는 주제는 아니다.
매슬로는 자아실현과 성장은
삶의 모든 영역에서 가능하다고 봤다.
"2등급 미술작품보다 1등급 수프가 더 창조적이다"라는
그의 말은,
자신이 만드는 수프를 최고의 경지에 올려놓는 것도
자아실현이 될 수 있다는 뜻이다.
괜찮은 직장을 얻기 위해서,
그 직장에서 인정받기 위해 허덕이며 살던 사람들이
어느 정도 숨을 돌리면서
왜 이렇게 힘들게 살아야 하는지
스스로 질문하기 시작하는 것도 자아실현 욕구의 시작이다.

하지만 이미 친구들 사이에서 인기 있고 존중받는 구성원이었다면 당신은 자존감 욕구의 다음 단계인 자아실현 욕구 단계로 넘어갔을지도 모른다. 이것이 또 다른 이유다.

자아실현이란 특별한 사람만이 중요하게 여기는 주제는 아니다. 매슬로는 자아실현과 성장은 삶의 모든 영역에서 가능하다고 봤다. "2등급 미술작품보다 1등급 수프가 더 창조적이다"라는 그의 말은, 자신이 만드는 수프를 최고의 경지에 올려놓는 것도 자아실현이 될 수 있다는 뜻이다. 괜찮은 직장을 얻기 위해서, 그 직장에서 인정받기 위해 허덕이며 살던 사람들이 어느 정도 숨을 돌리면서 왜 이렇게 힘들게 살아야 하는지 스스로 질문하기 시작하는 것도 자아실현 욕구의 시작이다.

물론 모두가 자아실현의 단계로 넘어가는 것은 아니다. 가장 큰 이유는 두려움 때문이다. 먼저 친구들이 나를 오해하고 미워할까 봐 두려울 수 있다. '친구들이 이런 나에 관해 서운하게 생각하거나 배신감을 느껴서 앞으로 외톨이가 되면 어떻게 하지?' 이런 두려움의 근원에는 내가 위험해졌을 때 아무도 도와주지 않을 수 있다는 공포가 깔려 있다. 근원적 욕구인 생존과 안전 욕구가 위협받는 것이다.

이런 두려움은 주변에 나쁜 일이 생기거나 직간접적으로 사고나 죽음을 경험한 경우 더 커지기도 한다. 그래서 매슬로는 성장하려면 안전을 위해 뒤로 물러서고 싶은 욕구와 싸워 이겨야 한다고 말했다.

성장보다 안전이 중요한 것 아닐까? 좋은 친구들과 계속 잘 지내는 게 더 나은 선택 아닐까? 매슬로는 그렇지 않다고 말한다. 우리는 자기 삶의 의미와 가치를 구현하기 위해 태어났다. 단지 그보다 낮은 욕구조차 충분히 채우지 못했기에 멈춰 있을 뿐이다. 성장하고 실현하기 위해 태어났는데 그러지 못하면 우리는 병들게 된다.

크건 작건 누구나 삶의 의미와 목표를 추구하고 싶을 때가 찾아온다. 그것이 각자의 자아실현 욕구다. 당신에게도 그 순간이 찾아올 수 있다. 즉, 당신은 이제 모임에 참여하는 것보다 더 중요한 일을 하고 싶어진 것이다. 이 예상이 맞다면 당신은 지금 자연스러운 인생의 단계를 밟는 중이며, 자아실현에 관해 답을 얻고 나면 다시 친구들과 만나게 될지 모른다.

윌리엄 제임스의 정서 이론

우울할수록
움직여야 하는 이유

우울하다. 요즘 되는 일이 하나도 없다. 그런데 지금 막 친구가 함께 나가서 달리자고 한다. 기분이 좋아질 거라고 말이다. 우울감은 마음의 문제인데 밖에 나가서 운동을 하자는 말이 맞는 걸까? 몸을 움직이면 마음의 문제가 정말 해결될까?

심리학자 윌리엄 제임스라면 친구의 처방에 동의할 것이다. 1890년, 심리학계의 고전《심리학의 원리》를 집필한 윌리엄 제임스는 미국 심리학의 아버지라고도 불린다. 실제 심리학의 초창기에 많은 학자가 이 책을 읽고 심리학을 연구하기로 결심했다고 말한다.

바로 이 책에서 제임스는 감정의 원리를 정리했다. 요컨대 몸이 먼저 반응하고 그다음에 감정이 만들어진다는 것이다.

"우리는 슬프면 울고, 무서우면 덜덜 떨며, 화가 나면 공격한다고 생각한다. 그러나 내 생각에는 순서가 뒤바뀌었다. 우리는 울기 때문에 안타깝다고 여기고, 공격하므로 화가 났다고 느끼며, 떨기 때문에 무섭다고 느낀다."

굳이 맥박이나 혈관까지 동원할 필요도 없다. 아무 감정이 없다가도 입꼬리를 올려 웃는 표정을 만들면 기분이 조금씩 좋아지고, 눈을 내리깔고 무뚝뚝한 표정을 지으면 기분이 가라앉는다. 이는 실험을 통해서 확인된 결과다.

심리학에서는 이 이론을 윌리엄 제임스와 동시대에 비슷한 학설을 주장했던 덴마크의 의사 칼 랑게의 이름을 따서 '제임스-랑게 정서 이론'이라고 부른다.

몸을 조절하면
감정을 통제할 수 있다

제임스-랑게 정서 이론에 따르면, 당신은 우울해서 집에 틀어박혀 있는 것이 아니라 집에 들어박혀 아무도 만나지 않으니까 우울한 것이다. 무기력해서 아무것도 못하는 것이 아니라 아무것도 하지 않으니까 무기력해지는 것이다.

이런 상태에서 만약 밖으로 나가 달리기를 한다면 어떻게 될까? 당신의 기분이 어떻든 상관없이 심박수가 높아지고 혈액순환이 빨라지며 근육에 에너지가 공급될 것이다. 발바닥에는 중력이, 눈에는 밝은 햇빛이, 호흡기에는 신선한 공기가, 귀에는 이런저런 소리가 들리며 모든 감각기관이 활성화될 것이다. 몸이 이런 상태가 됐는데 우울하고 처진 감정이 계속될 수는 없으리라.

물론 제임스의 이론에는 허점도 많지만, 그럼에도 이 이론은 우리에게 흥미로운 사실 몇 가지를 알려준다.

첫 번째는 감정이 자가 발전할 수 있다는 점이다. 한번 누구를 좋아하기 시작하면 점점 더 좋아지고, 누가 싫거나 미우면 보면 볼수록 더 미워진다. 좋아하는 사람을 만나면 가슴이 두근거리며 얼굴이나 손발도 따뜻해진다. 이런 상태가 되면 당연히 좋아하는 감정도 더 강해질 것이다.

감정의 자가발전은 분노의 경우, 더욱 극적으로 나타나기도 한다. 어떤 분노는 처음에는 작고 미세한 불꽃처럼 타오르다가 점점 더 커지는 경향이 있다. 처음엔 말로 조곤조곤 따지던 사람이 시간이 흐를수록 분노가 가라앉기는커녕 더 화를 내는 경우가 있다. 이

당신은 우울해서 집에 틀어박혀 있는 것이 아니라
집에 틀어박혀 아무도 만나지 않으니까 우울한 것이다.
무기력해서 아무것도 못 하는 것이 아니라
아무것도 하지 않으니까 무기력해지는 것이다.
이런 상태에서 만약 밖으로 나가 달리기를 한다면
어떻게 될까? 당신의 기분이 어떻든 상관없이
심박수가 높아지고 혈액순환이 빨라지며
근육에 에너지가 공급될 것이다.
발바닥에는 중력이, 눈에는 밝은 햇빛이,
호흡기에는 신선한 공기가,
귀에는 이런저런 소리가 들리며
모든 감각기관이 활성화될 것이다.
몸이 이런 상태가 됐는데
우울하고 처진 감정이 계속될 수는 없으리라.

에 대해 제임스는 이렇게 말했다.

"화를 내면 몸이 흥분하고 몸의 흥분이 다시 분노를 불러일으키는 과정이 반복되면 어느 순간 분노는 걷잡을 수 없이 커져 이성을 압도해버린다. 따라서 분노를 내뿜기 전에 열까지 세어라. 그동안 신체적인 흥분이 가라앉을 것이고 그러고 나면 화를 내는 이유가 우스워 보일 것이다." 《정서란 무엇인가?》 중에서

두 번째는 신체 흥분을 유발하는 조건에서 만난 사람들끼리 쉽게 사랑에 빠진다는 점이다. 예를 들어, 롤러코스터와 같은 놀이기구를 함께 타거나 위험한 사고를 함께 경험한 사람들 사이에서 생기는 열정도 설명할 수 있다. 두 사람이 애초에 애매한 호감을 가진 상태였다면 놀이기구나 사고가 유발한 신체적인 흥분이 이들의 호감에 기름을 붓는 격이다.

제임스의 이론은 감정을 통제하기 위해서는 몸의 반응을 먼저 조절해야 한다는 사실을 알려준다. 몸이 흥분하지 않은 상태에서는 마음도 흥분하지 않는다. 100미터를 전력으로 질주한 직후에 가쁜 호흡과 마구 뛰는 심장을 부여잡고서는 차분하고 냉정한 판단을 내리기 어렵다. 마음을 진정시키려면 몸부터 진정시켜야 한다. 반대로 마음에 에너지를 공급하려면 몸부터 깨워야 한다.

단단한 감정을
만드는 방법

그러면 어떻게 몸의 반응을 통제할 수 있을까? 우선 자신의 몸 상태에 대해 알아야 한다. 한 심리학 실험에서 피험자들에게 맥박수를 증가시키는 약물을 주사해 신체적인 흥분 상태로 만들었다.

이들 중 한 그룹에는 방금 주사한 약물이 어떤 효과를 일으키는지 설명해주었고, 다른 그룹에는 설명해주지 않았다. 그리고 가짜 피험자를 한 명 등장시켜 이들 앞에서 흥분해서 화를 내거나 혹은 훌라후프를 돌리고 종이비행기를 접어 날리는 등 신나는 기분을 연기하게 했다.

그랬더니 약물에 의해 흥분했다는 사실을 알지 못한 그룹은 이 바람잡이의 연기에 쉽게 휘둘렸다. 연기자를 따라서 화를 내거나 즐거워한 것이다. 반면에 자기가 주사약의 효과 때문에 흥분했음을 알고 있던 그룹은 침착하게 자리를 지켰다.

이처럼 똑같이 흥분해도 자기 몸 상태를 아는 사람과 그렇지 못한 사람의 반응은 전혀 다르다. 배가 고프거나 피곤해서 짜증이 났다는 사실을 깨닫지 못하면 그 감정을 엉뚱한 데에 쏟아내고서 후회할 수 있다.

반대로 몸의 상태를 제대로 인식하면 몰랐던 감정을 깨달을 수도 있다. 예를 들어, 평소와 달리 자꾸 폭식을 하거나, 충분히 잠을 잤는데도 이불 밖으로 나가기 힘들거나, 최근 체중이 급격하게 늘거나 줄었다면 당신은 우울감이나 우울증을 겪고 있을 가능성이 높다.

굳이 제임스의 이론이 아니더라도 신체적인 건강이 마음의 건강을 유지하기 위해 중요한 조건임은 분명하다. 물론 모든 건강한 신체에 반드시 밝고 명랑한 정신이 깃들지는 않을 것이다. 그러나 지치고 피폐한 상태에서 밝고 활기찬 감정을 기대하기는 어렵다. 신체 반응이 감정의 스위치를 올리는 것처럼, 신체 건강은 감정 건강과도 연결된다.

그러니 밖에 나가 몸을 움직이라는 조언은 여러모로 들어볼 만하다. 단기적으로는 몸에 활기를 불어넣어 가라앉은 기분을 띄워줄 것이다. 장기적으로는 만약 기분이 처질 때마다 산책하거나 운동하는 습관을 들인다면 몸이 튼튼해지면서 감정도 더 단단해질 것이다(그러나 심한 우울증이라 느낀다면 우선은 전문가를 찾아가 진단을 받아보자. 심한 우울증은 운동만으로 해결할 수 없기 때문이다).

스턴버그의 사랑의 삼각형

순수한 사랑일수록
불완전하다

그 사람은 순수하게 나를 사랑하는 걸까? 내가 직장을 잃는다면 혹은 내 행동이 불만스럽다면 그때도 나를 사랑할까? 그는 내가 아닌 내 조건을 사랑하는 것은 아닐까? 그렇다면 나는 그를 믿을 수 있는 걸까? 불안하다.

사랑이라는 감정은 그 자체로 순수하지 않다. 심리학자 로버트 플루치크가 만든 감정의 수레바퀴를 보면, 인간이 가진 순수한 감정은 딱 여덟 개인 기쁨, 신뢰, 공포, 놀람, 슬픔, 혐오, 분노, 기대뿐이다.

그렇다면 사랑은 어떤 감정의 결합체일까? 플루치크의 표를 보면 기쁨과 신뢰라는 두 가지 긍정적인 기본 감정의 결합체다. 다시

로버트 플루치크의 감정의 수레바퀴

바퀴의 중앙부로 갈수록(짙은 색일수록) 감정의 강도가 높음을 의미하며,
바큇살 사이의 감정은 양쪽 감정이 합쳐진 것임을 의미한다.

말해 사랑을 인수분해하면 기쁨과 신뢰가 남고, 기쁨과 신뢰를 알면 사랑을 이해할 수 있다.

사랑이란 감정은
순수하지 않다

우리는 언제 기쁨을 느낄까? 원하는 것, 기대하던 것을 얻어 만족감이나 성취감을 느낄 때, 서로 말이 잘 통하고 함께하는 일이 잘될 때 기쁨을 느낀다. 기쁨이란 무언가 좋은 것을 얻거나 경험했을 때 느끼는 즐거움이다. 플루치크는 감정이 생존과 적응에 중요한 역할을 한다고 보았는데, 기쁨도 마찬가지다. 기쁨을 느끼는 경험이나 행동은 실제로 건강하게 살아남고 더 좋은 삶을 사는 데 도움이 된다.

그렇다면 신뢰는 어떨까? 신뢰는 누군가에게 안정감을 느끼고 안심할 때 느끼는 감정이다. 어떤 사람과 있을 때 안전하거나 보호받고 있다는 느낌이 들 때 자연스럽게 상대에 대한 믿음이 생긴다. 그리고 상대방과 내가 서로 의지하고 도움이 된다는 확신을 가지면 믿음이 강화된다. 믿음은 상호 의존적인 관계를 형성하고 협력을 촉진한다.

인간은 혼자가 아니라 여럿이 함께 공동체를 이루면서 살아남고 번영했다. 신뢰는 바로 이 공동체 형성의 에너지원이다. 즉, 누군가를 믿는다는 것은 내가 어렵거나 위험할 때 그 사람이 나를 도울 것이라고 기대한다는 의미다.

사랑이란 이 두 감정이 조합된 것이다. 그러니까 사랑은 순수하게 누군가를 좋아하는 감정을 넘어선다. 만나서 좋은 경험이 반복되고, 상대가 장래에도 나를 도울 것이라 기대할 수 있을 때 생기는 감정이 사랑이다. 플루치크의 감정의 수레바퀴에서 사랑을 기쁨과 신뢰의 조합으로 표현한 것은, 사랑이 단순한 일시적 행복이나 만족감이 아닌, 믿음과 기대감에서 비롯된 복합적인 감정이라는 뜻이다.

일곱 가지
사랑의 분류

유명한 심리학자이자 예일 대학의 IBM 석좌교수인 로버트 스턴버그도 사랑이 순수하지 않다는 점에 동의했다. 그에 따르면 사랑은 열정, 친밀감 그리고 결심의 조합이다.

 열정이란 익히 우리가 아는 그 감정이다. 상대와 함께 있고 싶고, 더 가까워지고 싶고, 가장 깊은 것까지 교감하고 싶은 강한 욕망이다. 이 열정이야말로 사랑을 움직이는 에너지다. 성욕도 열정 중 하나다. 우리는 열정으로 인해 평소에 할 수 없던 일들을 사랑 앞에서 미친 듯이 해낸다. 다만 열정은 시간이 흐를수록 감소하는 경향이 있으며, 그 반대말은 무관심 혹은 권태다.

 반면 친밀감이란 상대와 나 사이의 공통점과 유대감, 친숙함 등을 말한다. 오랫동안 함께 지내왔거나 그래왔던 것 같은 느낌, 안정되고 편안하고, 믿음직한 느낌이다. 친밀감은 시간이 흐르고 서로에 대한 경험이 늘어나면서 커지고, 그 반대말은 외로움이다.

마지막이 결심이다. 이것은 간단히 말해 상대방과 지금 연애하고 있다는 뚜렷한 인식을 말한다. '연애한다'는 말 속에는 기본적으로 상대방에 대해 신의를 지키고(한눈팔지 않고), 상대가 필요로 할 때 헌신하겠다는 결심이 담겨 있어야 한다. 이 판단은 논리적인 것이라, 한번 결정하면 원칙적으로는 바뀌지 않는다. 즉, 결혼서약처럼 시간의 흐름에 상관없이 그대로 유지된다.

플루치크는 사랑이 만들어지기 위해 반드시 기쁨과 신뢰가 있어야 한다고 봤으나, 스턴버그는 열정, 친밀감, 결심 중 하나만 충분해도 사랑이 될 수 있다고 봤다. 단지 각 요소의 함량에 따라 사랑의 형태가 달라지고, 그에 따라 사랑은 다음의 일곱 가지 형태로 구분된다.

친구 사이

친밀감만 있고 열정이나 결심이 거의 없는 관계다. 사랑이라기보다 말 그대로 친한 친구 사이다. 열정이 불붙기 전의 남사친, 여사친 사이라면 여기에 해당할 수 있다. 한때 불타던 사랑이 식고 난 뒤에도 이 상태가 될 수 있다.

> 스턴버그의 사랑의 3요소

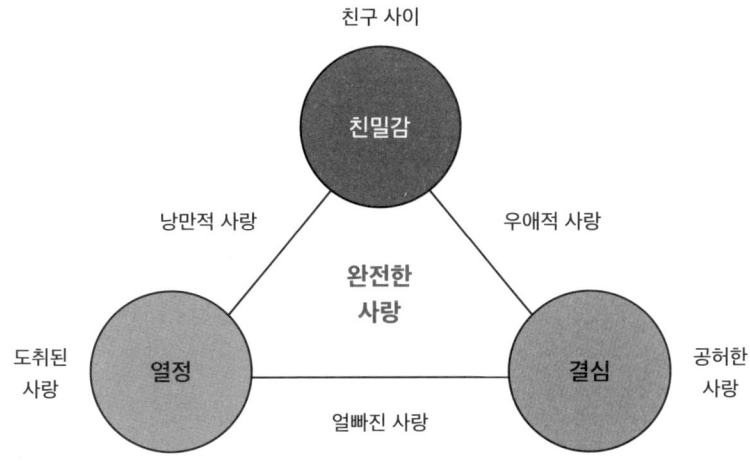

도취된 사랑

열정은 최고조인데 친밀감도 없고 결심도 하지 않은 유형으로, 처음 본 순간 반했거나 그 사람 말고는 아무것도 보이지 않는 상태다. 당연히 아직 공식적인 관계가 아니니 상대방에 대해 아는 것은 없지만 열망은 가득하다. 여기서 연애를 시작하면 결심이 첨가되면서 '얼빠진 사랑'이 되고, 열정을 자제하고 썸을 타며 서로를 알아가다 보면 '낭만적 사랑'으로 진행한다.

공허한 사랑

결심만 있을 뿐, 친밀감이나 열정은 부족한 유형이다. 이혼하지 못해서 사는 부부가 여기에 해당할 것이다. 정략결혼을 제외하고는 처음부터 이 유형으로 시작하는 경우는 드물다. 열정만 가지고 덜컥 결심했는데 친해질 틈도 없이 열정마저 사라지면 이 상태가 된다.

낭만적 사랑

온갖 문학작품 속에 등장하는, 낭만적이지만 짧은 사랑이 여기에 해당한다. 서로에게 끌리고 너무 잘 맞는다고 느끼지만, 그다음 단계로 넘어가지 못한 상태. 여기서 결심만 추가하면 '완벽한 사랑' 혹은 결혼을 이룬다.

우애적 사랑

결심도 했고 친밀감도 충분한데 열정이 쏙 빠진 유형이다. 보통 오래 사귄 연인이 여기에 해당한다. 한때 미친 듯이 불타올랐던 열정은 식었지만, 서로를 잘 알고 잘 맞기에 여전히 믿고 좋아한다.

얼빠진 사랑

열정도 있고 결심도 했는데 친밀감이 쏙 빠진 유형이다. 말도 잘 안 통하고 살아온 세계도 다르지만, 한눈에 반해서 결혼(혹은 연인)까지 해버렸다면 이 유형이 된다. 결말은 모른다. 뒤늦게 서로 전혀 다른 생각을 하고 있음을 깨닫기도 하고, 서서히 친밀감을 쌓으며 완벽한 사랑으로 가는 경우도 있다.

완벽한 사랑

열정, 친밀감, 결심이 모두 충분한 삼위일체의 상태다. 처음부터 완벽한 사랑이 이루어지는 경우는 거의 없고, 대부분은 오랫동안 서로에게 열정을 잃지 않고 성실하게 대하며 이해하고 맞춰가다 보면 도달하는 결과다. 운이 좋다면 말이다.

지금 내가 하고 있는 사랑에 집중하라

스턴버그의 사랑 이론은 플루치크의 그것과 연결된다. 상대방에 대한 열정이 가득할 때 그 사람을 만나면 기쁨이 차오른다. 상대방에 대한 믿음도 그냥 생기는 것이 아니다. 상대방을 믿으려면 그만큼 알아야 하고, 서로의 생각과 취향을 맞춰가려는 노력도 해야 한다. 이렇게 만든 친밀감을 바탕으로 서로 존중하고 약속을 지켜가면 믿음이 커진다.

결론적으로 사랑은 순수한 감정이 아니다. 순수한 감정이어야 할 필요도 없다. 오히려 순수하기만 한 사랑은 불완전할 뿐이다. 열정이나 기쁨만 누리는 것은 사랑이 아니다. 서로 믿고 믿는 만큼 알아야 한다. 그러니 사랑의 순수성을 걱정하기보다 이런 질문을 해보는 게 좋다.

'나는 그 사람을 만날 때 얼마나 기쁘고 즐거운가?'

'나는 그 사람의 말과 행동을 얼마나 믿을 수 있나?'

'나는 그 사람에 대해서 얼마나 잘 알고 있나?'

'그 사람과 나는 얼마나 잘 맞는가?'

'우리의 사랑은 얼마나 공식적인가?'

'나는 우리의 사랑을 얼마나 떳떳하게 주변에 알릴 수 있나?'

이 질문에 대한 답에 따라 당신이 지금 사랑을 하고 있는지, 한다면 어떤 사랑을 하는지 판단할 수 있을 것이다.

밀그램의 복종 실험

비겁한 것은 부끄럽지만
도움이 된다

직장에서 상사의 지시가 부당한 줄 알면서도 항의하지 못하고 순응했다. 지난주 친목 모임에서는 그 자리에 없는 사람에 대해 사실이 아닌 험담이 오갔는데, 반박하지 못하고 오히려 동조했다. 부끄럽다. 부당한 지시를 거부하지 못한 나는 얼마나 한심한가. 거짓을 지적하지 못하고 침묵한 나는 얼마나 비겁한가.

부당한 명령에 복종하는 것은 분명 비겁한 일이다. 만약 그런 적이 있다면 부끄러워해야 마땅하다. 하지만 불복종은 쉽지 않은 일이다. 예일 대학의 교수였던 스탠리 밀그램은 1961년, 복종심의 한계를 알아보는 실험을 실시했다.

연구진은 참가자들에게 이 실험이 '처벌이 학습에 미치는 효과'에 관한 연구라고 설명하고, '학습자'가 틀린 답을 말할 때마다 전기 자극을 주는 '교사' 역할을 맡겼다(제비뽑기로 참가자 중 한 명은 학습자, 다른 한 명은 교사로 배정하는 것처럼 위장했지만, 실제로는 언제나 연기자가 학습자 역할을 맡았고, 진짜 실험 참가자는 늘 교사 역할을 맡도록 설정돼 있었다).

처음 학습자가 답을 틀렸을 때는 살짝 찌릿한 정도인 15볼트 자극을 주라는 지시로 시작했다. 그러나 학습자가 문제를 틀릴 때마다 조금씩 더 강력한 전기 자극을 주라는 명령이 내려져, 마지막에는 매우 위험함을 의미하는 'XXX'가 표기된 450볼트짜리 전기 자극이 주어졌다(실제로는 전기 자극이 주어지지 않았고, 학습자는 마치 전기 자극을 받는 것처럼 연기했다).

밀그램은 이 실험을 통해 보통의 미국인들이 다른 사람에게 전기 충격을 주라는 지시에 어디까지 복종하는지 측정했다. 결과는 충격적이었다. 450볼트 스위치까지 누른 사람이 전체 참가자의 65%에 달했다.

밀그램은 실험실의 조건을 조금씩 바꿨다. 그 결과, 칸막이 없이 같은 방에서 전기 충격에 몸부림치는 학습자의 모습을 직접 봐야 하는 조건에서는 끝까지 전기 자극을 주는 비율이 40% 정도로 줄었고, 직접 자기 손으로 학습자의 팔에 전기 충격기를 가져가 전기 자극을 주도록 하자 그 비율은 더 줄었다. 그러나 최악의 조건에서도 끝까지 전기 자극을 주는 사람이 자그마치 30%에 달했다.

이 참가자들은 어떤 불이익이나 협박도 받지 않았다. 그들은 단지 이 실험을 계속해야 한다는 지시를 들었을 뿐이다. 밀그램은 혹시 사람들이 전기 충격이 진짜가 아니라고 생각해서 복종한 것은 아닌지, 실험 후 면담을 통해 확인했다. 그들은 모두 자신이 준 전기 충격 때문에 의식 불명 상태에 빠진 (것처럼 연기한) 학습자의 상태를 진심으로 걱정하고 있었다. 즉, 그 실험이 가짜라고 의심한 사람은 아무도 없었다. 밀그램은 이 실험의 결과를 다음과 같이 정리했다.

"복종의 핵심은 한 개인이 자기 자신을 (독립된 개인이 아니라) 다른 사람의 의지를 수행하는 도구로 바라보는 것이다. 그 결과 (명령을 따르는 사람은) 자기 행동에 더 이상 아무 책임이 없다고 느끼게 된다. 자의로 행동할 때는 전혀 상상할 수 없는 행동일지라도, 누군가의 명령을 받아 행할 때는 아무런 주저 없이 저지를 수 있다."

성실한 시민들의
순수한 악행

실험에 참여한 사람들은 인류 발전에 공헌하기 위해 자신의 시간을 기꺼이 내놓은 선한 사람들이었다. 상대방을 해치려는 의도를 가진 사람은 아무도 없었다. 그들은 자신에게 주어진 임무를 완수하기 위해 최선을 다했다는 점에서 또 다른 덕목인 책임감도 가지고 있었다. 다시 말해, 이들은 착하고 책임감 있는 성실한 시민들이었다.

이들이 잔인한 명령에 복종한 가장 큰 이유는 권위였다. 이 실험은 누구나 다 아는 예일 대학에서 이루어졌다. 실험실에서 지시를 내린 사람은 과학자들이 입는 실험실 가운을 입고 있었다. 다시 말해 이 실험은 권위 있는 명문 대학에서 진행하는 과학 실험이었다. 아무리 그 지시가 잔인하고 위험해 보여도 연구자가 "당신이 지시를 따르는 것은 실험을 진행하는 데 매우 중요하다"라고 말한다면, 거부할 수 있는 사람이 얼마나 될까.

반면에 복종하기를 거부한 사람들은 인권이나 생명에 대한 명확한 가치와 철학을 가진 훌륭한 사람들이었을까? 실험에 따르면, 그들도 평범한 사람들이었다. 그들이 복종하지 않은 이유는 우연이었다. 예를 들어, 실험에 참여하는 날 아침부터 기분이 나빴는데, 이상한 실험을 하면서 자꾸 더 기분 나쁜 일을 시키니까 화가 나서 자리를 박차고 나왔을 뿐이었다.

즉, 실험에서 벌어진 복종은 악의가 아닌 공동체 의식과 충성심 그리고 책임감에서 나온 것이었으며, 불복종은 숭고한 신념이 아니라 우연한 결과였다.

비겁한 복종과 정당한 복종의 차이

이 실험을 통해 무엇을 알 수 있을까? 우선 당신의 주체성이나 신념이 가진 힘을 과신하지 말라는 점이다. 밀그램의 실험은 개인의 도덕성이 권위 앞에서 얼마나 쉽게 무너지는지, 그리고 적절한 조건이 주어지면 얼마든지 비윤리적 행동을 할 수 있다는 사실을 보여준다.

이 실험의 명령은 부당했다. 그 명령은 누군가를 다치게 하거나 심지어 목숨까지 위험하게 만드는 명령이었다. 그런 명령에 열 명 중 6.5명꼴로 복종했다.

그렇다면 우리는 왜 이렇게 비겁할까? 복종은 생존에 도움이 되는 본능이다. 원시시대의 인간은 강력한 리더를 중심으로 무리를 이루어야 외부의 위험으로부터 자신을 보호할 수 있었다. 복종을 거부하던 선조들은 하나둘씩 흩어져서 후손도 남기지 못한 채 사라졌다.

우리 모두는 집단의 일원이 돼 리더의 지시에 복종함으로써 살아남은 선조의 후손들이다. 이 본능은 아직도 여전히 작동한다.

또 권위자에 대한 복종은 사회적으로 장려하는 덕목이기도 하다. 우리는 어릴 적부터 부모님과 선생님께 순응하고 복종해야 한다고 배웠다. 복종은 협력의 기초가 되기도 한다. 팀이나 조직에서 복종은 목표를 이루기 위한 역할 분담과 질서 유지에 필수적이다. 개인의 자존심이나 반항심을 억누르는 것이 단기적으로는 불편해도, 장기적으로는 더 큰 성공과 안정으로 이어질 수 있다.

우리가 명령에 복종하는 이유는 비겁해서가 아니다. 복종은 인간의 본능이고, 그 본능이 지금까지 남아 있다는 것은 그만큼 도움이 됐다는 뜻이다. 중요한 것은 도움이 되는 복종과 도움이 되지 않는 복종을 구별하는 것이다.

내가 지금 왜 복종하는지 질문해보라. 단순한 두려움이나 편의를 위한 복종인지, 아니면 협력과 생존을 위한 전략적 선택인지 스스로 물어야 한다는 말이다. 순간의 편리나 두려움 때문에 하는 복종은 비겁함일 뿐이다. 두려움에 이끌려 복종하다 보면 오히려 복종에 발목 잡혀 스스로 선택할 자유를 빼앗기는 대가를 치러야 할 수도 있다.

당신과 당신이 속한 조직에 도움이 될 가능성이 있을 때는 조금 굽히고 복종할 수도 있다. 그 복종도 비겁할지는 모르겠지만 적어도 도움이 된다. 직장에서 상사의 부당한 지시에 따르는 것이 자리를 지키고, 더 나은 기회를 만들어준다면, 비겁해도 복종할 수 있다. 그러나 단지 또래 집단의 압박 때문에 집단따돌림이나 폭력에 동조하는 것은 별 도움이 되지 않는, 그저 비겁하기만 한 복종이다.

무엇보다 어떤 경우에도 복종을 당연하고 정당한 것이라 착각해서는 안 된다. 비겁한 복종을 당연한 복종으로 여기는 순간부터 당신이 그 상황에서 벗어날 가능성은 줄고, 오히려 자신이 그 불합리한 구조의 일원이 돼 다른 사람들에게 비겁한 복종을 강요하는 악당이 되고 말 것이기 때문이다.

우리가 명령에 복종하는 이유는 비겁해서가 아니다.

복종은 인간의 본능이고,

그 본능이 지금까지 남아 있다는 것은

그만큼 도움이 됐다는 뜻이다.

중요한 것은 도움이 되는 복종과

도움이 되지 않는 복종을 구별하는 것이다.

6장

Anna Freud
Carl Gustav Jung
Alfred Adler
Aaron Temkin Beck

스스로
극복한 것만이
온전한
내 것이다

가드너의 다중 지능

'나'를 잘 알수록 성공할 가능성이 높다

능력은 매우 중요한 개념이다. 시험공부를 잘하는 능력, 좋은 친구를 사귀는 능력, 연애를 잘하는 능력, 문제를 해결하는 능력, 계획을 수립하고 실행하는 능력, 오랫동안 집중력과 건강을 유지하는 체력 등 외모를 제외하면 인간의 가치는 능력에 달려 있다고 해도 과언이 아니다.

특히 지금 사회에서 제일 중요한 능력은 지능이다. 공부를 잘하고 시험을 잘 보는 능력이야말로 학벌을 중시하는 한국 사회에서 반드시 필요한 능력 중 하나다.

문제는 지능이 태어날 때부터 어느 정도 결정돼 있다는 점이다. 아무리 노력해도 평범한 사람이 천재가 될 수는 없다. '천재'라는 단어 그대로, 어떤 이는 하늘이 내린 능력을 타고난다. 누구는 100의 노력을 해서 겨우 100점을 받는다면, 누군가는 1이나 10의 노력만으로 같은 결과를 얻어낸다. 그러니 사회가 불공평한 것은 필연적이라 할 수 있다. 그렇다면 나같이 평범한 사람은 그저 성적순으로 주어진 삶에 만족하며 불행도 지능 탓으로 여기며 살아야 할까?

공부를 잘하는 능력만이 지능은 아니다

하버드 대학 교수인 하워드 가드너의 다중 지능 이론은 그렇지 않다고 답한다. 가드너에 따르면 지능은 한 가지가 아니다. 게다가 지능들은 따로따로 존재한다. 지능이란 '자기가 살아가는 문화 속에서 중요하다고 정해진 문제를 해결하거나 문화가 가치를 부여하는 결과물을 창출해 내는 능력'이다. 그렇다면 시험을 잘 보는 능력뿐 아니라 일상생활과 사회생활을 영위하는 데 도움이 되는 거의 모든 능력이 전부 지능이다. 그는 인간의 지능을 크게 여덟 가지로 분류했는데, 간단히 살펴보면 다음과 같다.

음악 지능

청각-진동 지능이라고도 한다. 소리, 리듬, 진동을 포함해 음악의 형태를 예민하게 감지하고 구별하며 변형하거나 조합하는 능력을 포괄한다. 세 살부터 피아노를 마스터하고, 여섯 살부터 작곡을 시작한 모차르트처럼 대부분의 위대한 음악가들은 다섯 살 이전부터 남들과 차원이 다른 음악 지능을 발휘했다. 음악 지능이 현저히 떨어지면 음치가 된다.

신체 운동 지능

자기 몸과 물건들을 솜씨 있게 조정하고 다루는 능력이다. 이 지능이 높은 사람은 어떻게 몸을 움직여야 하고, 어떻게 반사적인 행동을 해야 하는지에 대한 감각을 타고난다. 반대로 '몸치'라고 불리는 사람들은 이 지능이 부족한 셈이다. 인류 역사의 초창기에는 이 지능이 높은 사람이 지금 시험을 잘 보는 사람들이 받는 것 같은 대우를 받았을 것이다. 지금도 이 지능이 높은 사람은 스포츠처럼 몸을 사용하는 분야에서 인정받을 가능성이 높다.

논리 수학 지능

현대 사회에서 '지능이 높다'라고 말할 때는 흔히 이 지능을 뜻한다. 논리적 문제나 방정식을 풀어 가는 정신적 과정에 관한 능력이며, 언어 능력과는 별개의 지능이다. 숫자에 강하고, 차량번호나 전화번호 등도 남들에 비해 잘 기억하는 경우가 많다. 학업성적도 좋고 시험도 잘 본다.

언어 지능

말의 구조와 의미 그리고 단어의 기능이나 언어 자체를 민감하게 분석할 줄 아는 능력이다. 언어 지능이 높은 사람은 같은 내용의 말이나 글도 더 흥미롭고 이해하게 쉽게 사용한다. 언어를 잘 다루는 사람들은 글과 언어를 다루는 영역에서 인정받을 수 있다.

공간 지능

공간 배치나 설계, 색깔과 선과 형태와 면적 등의 개념을 직관적으로 더 잘 다루는 능력이다. 공간 지능이 높은 사람은 길 찾기에 능하며, 거리나 방향을 잘 알기 때문에 탐험가나 사냥꾼으로도 적합하다. 수렵·채집 시대에는 가장 인정받는 능력이었을 것이다. 지금도 시각과 관계된 직업은 대개 공간 지능을 필요로 한다. 공간 지능은 아이디어를 그림으로 표현하는 시각 예술, 디자인 분야의 재능과 연결돼 있다.

대인 지능

관계를 맺고, 다른 사람들의 생각과 감정을 이해하는 능력이다. 이 지능이 높으면 눈치 빠르고 사회생활을 잘한다는 평을 듣는다. 남을 잘 다룰 줄 알고, 발도 넓으며, 주변 사람들에게 영향력을 미치는 카리스마와도 관계가 있어 조직의 상급관리자 혹은 리더에게 필요한 능력이다. 같은 이유로 심리상담가나 연예인, 정치가, 무대연출가 등에게도 이 지능이 필요하다.

개인 내적 지능

대인 지능이 다른 사람을 잘 파악하는 능력이라고 한다면, 개인 내적 지능은 자기 마음을 잘 이해하는 능력이다. 아무리 머리가 좋고 유능해도, 자기가 뭘 원하거나 싫어하는지, 뭘 잘하고 못하는지 모르면 인생을 제대로 살아갈 수 없다. 그런 점에서 개인 내적 지능은 개인의 행복과 만족을 찾는 데 유용하다.

더구나 자기 마음을 잘 이해하는 것은 타인의 마음을 이해하는 능력의 기반이 되기도 한다. 단, 개인 내적 지능이 제대로 활용되려면 다른 지능이 필요한 경우가 많다. 자기감정을 명징한 언어로 표현하기 위해서는 언어 지능이 필요하고, 그림으로 표현하기 위해서는 공간 지능이 필요하다.

자연 탐구 지능

이 지능은 다중 지능 이론 목록에 가장 최근에 올라온 것으로, 자연 현상에 대한 유형을 규정하고 분류하는 능력을 말한다. 자연 탐구 지능이 높은 사람은 영화에 나오는 타잔처럼 자연 친화적이고, 동물이나 식물 채집을 좋아하며, 이를 구별하는 능력이 높다. 산에 가더라도 나뭇잎의 모양이나 크기, 지형 등에 관심이 많고, 이들을 종류대로 잘 분류하기도 한다.

다중 지능 이론에서도 각 지능 유형이 완전히 독립돼 있다고는 말하지 않는다. 논리 수학 지능이 높은 사람이 공간 지능도 높거나, 개인 내적 지능이 높은 사람이 대인 지능도 높을 가능성이 높다. 그러나 수학 천재가 길치이거나, 뛰어난 프로 스포츠 선수가 노래는 전혀 못할 수 있다. 그리고 뇌의 일부가 손상되면 언어나 수학 능력 같은 일부 지능만 떨어지기도 한다. 이런 사례들은 실제로 인간의 지능은 어느 정도 따로따로 존재한다는 증거다.

가드너의 다중 지능 이론에 따르면, 지능검사를 통해서 측정되는 능력은 일부에 불과하다. 학교에서 공부 잘하는 것만이 지능이 아니라는 것도 분명한 사실이다. 프로 축구 선수의 학업 지능은 여러분보다 높지 않을 수 있지만, 그의 놀라운 신체 지능을 능가하는 독자는 별로 없을 것이다. 그리고 스포츠 영역에서 성공 여부를 결정하는 것은 학업 지능이 아니라 신체 지능이라는 점을 생각하면, 특별히 어떤 지능이 다른 지능보다 더 중요하다거나 우월하다고 말할 수는 없다.

다중 지능이 알려주는
성공의 비결

그렇다면 다중 지능 이론이 의미하는 바는 무엇일까? 인생에서 성공하기 위해서는 세상과 나 자신을 잘 알아야 한다는 뜻이다.

성공이란, 결국 자기가 좋아하는 것을 잘 해내고, 잘하는 걸 남들에게 인정받는 과정이다. 그렇기에 우선 세상이 어떤 성취를 인정하는지 알기 위해서는 세상을 자세히 살펴봐야 한다. 그리고 내가 뭘 좋아하는지 알기 위해 내 기분에 귀를 기울일 줄 알아야 한다. 마지막으로 내가 뭘 잘하는지 알려면 내 지능을 알아야 한다.

가드너의 다중 지능 이론은 능력이 단일체가 아니라고 말한다. 어떤 능력이 낮더라도 다른 능력은 높을 수 있다. 분야마다 필요한 능력이 다르다. 아무리 노력해도 누구나 모차르트처럼 작곡할 수 없고, 프로 골퍼처럼 골프공을 잘 날려 보낼 수 없는 것처럼, 아무리 공부해도 의대나 법대에 진학하지 못하는 사람이 분명히 있다. 그런 사람들은 지능이 떨어진다고 볼 것이 아니라 자신에게 있어 높은 지능을 발견하지 못했다고 봐야 한다.

다중 지능을 측정하는 검사 도구도 여럿 있지만, 이 지능의 특성상 검사 도구로 측정하는 데에는 한계가 있다. 결국 자신의 지능을 알기 위해서는 다양한 경험을 통해 스스로 알아가는 것이 최선이다. 여러 시도를 해보면서 자신이 어떤 일을 할 때 남들보다 잘하는지, 무엇을 성취할 때 특히 뿌듯하고 자랑스러운지, 사람들이 나에 대해 이야기할 때 주로 어떤 부분에 주목하는지 스스로에게 물어야 한다.

이런 시도와 질문, 그리고 스스로 찾은 대답이 모이고 쌓이면 자신의 능력을 깨닫고 그 능력을 잘 활용할 수 있는 곳을 찾을 수 있다. 이것이 가드너의 다중 지능이 알려주는 성공의 비결이다.

결국 자신의 지능을 알기 위해서는

다양한 경험을 통해 스스로 알아가는 것이 최선이다.

여러 시도를 해보면서 자신이 어떤 일을 할 때

남들보다 잘하는지, 무엇을 성취할 때

특히 뿌듯하고 자랑스러운지,

사람들이 나에 대해 이야기할 때

주로 어떤 부분에 주목하는지 스스로에게 물어야 한다.

이런 시도와 질문, 그리고 스스로 찾은 대답이

모이고 쌓이면 자신의 능력을 깨닫고

그 능력을 잘 활용할 수 있는 곳을 찾을 수 있다.

콜버그의 도덕성 이론

도덕성은 지능이다

친구가 중요한 일에 당신의 도움을 필요로 한다. 문제는 도움을 주려면 회사 규정을 어겨야 한다는 것이다. 규정 위반으로 적발될 가능성은 낮지만 찜찜하다. 친구를 위해 한 번쯤 융통성을 발휘하는 게 좋을까? 아니면 친구가 섭섭하겠지만 부탁을 거절하고, 좋은 결과 얻기를 응원해주는 게 좋을까? 후자를 선택하면 너무 꽉 막힌 사람이 되는 걸까?

우리는 매일 크고 작은 도덕적 갈등을 겪는다. 때때로 도덕적 행동을 선택하는 사람을 어리석다고 말하는 이들이 있다. 그들은 반대로 자신의 이익을 위해 규범이나 원칙을 어기는 것이 융통성 있고 똑똑한 것이라고 추켜세운다. 과연 그럴까? 그렇다면 우리에게 도덕성은 어떤 의미를 가질까?

도덕성이 높은 사람일수록
유연하다

도덕성에 관해 연구한 로런스 콜버그에 따르면, 도덕성과 융통성은 상반되는 개념이 아니다. 오히려 도덕성의 수준이 높을수록 더 유연하다.

1927년, 미국 뉴욕의 부유한 유대계 가정에서 태어난 콜버그는 제2차 세계대전 중, 군 수송선에 복무했다. 이는 도덕적이면서 융통성이 있는 선택이었다. 직접적인 살생은 피하면서도, 누군가는 반드시 해야 할 위험한 임무였기 때문이다. 군수물자 보급을 담당하던 군 수송선은 독일 잠수함대의 공격에 침몰당할 확률이 높았기 때문이다.

제2차 세계대전이 끝난 이후, 그는 유럽의 유대인들을 영국 정부 몰래 팔레스타인으로 입국시켜주는 일을 하다가 영국군에 붙잡혀 포로수용소에 감금되기도 했다. 그 후 콜버그는 시카고 대학에서 심리학 박사학위를 받았고, 이후 시카고 대학과 하버드 대학에서 심리학 교수로 일하면서 도덕교육연구센터를 설립하고, 도덕 교육 연구와 실현에 매진했다. 콜버그에게 도덕성은 단지 연구의 대상이 아닌 삶과 실천의 기준이었던 셈이다.

도덕성에도 수준이 있다

콜버그는 도덕성 연구를 위해 다음과 같은 이야기를 만들었다.

하인즈의 아내는 특이한 암으로 죽음을 앞두고 있다. 그런데 마침 하인즈의 동네에 있는 약사가 문제의 암 치료에 특별한 효능을 발휘하는 약을 발명했다. 그 약의 원가는 200달러 정도이지만, 약사는 발명에 들어간 시간과 비용을 반영해서 2,000달러에 팔고 있다. 하인즈는 돈을 구하기 위해 사방으로 노력했으나 결국 약값의 절반밖에 안 되는 1,000달러밖에 구하지 못했다. 하인즈는 약사에게 사정을 설명하고 그 약을 1,000달러에 팔거나, 아니면 외상으로라도 팔아 달라고 간청했다. 그러나 약사는 이를 거절했다. 절망에 빠진 하인즈는 결국 약방에 침입해서 그 약을 훔쳤다. 하지만 약사의 신고로 하인즈는 경찰에 체포됐으며 그는 훔친 약으로 부인을 살리지도 못하고 감방에 갇혔다. 그리고 하인즈 사건에 대한 재판이 시작됐다. 당신이 이 재판의 배심원이라면 하인즈에게 어떤 판결을 내릴 것인가? 그는 유죄인가 아니면 무죄인가? 그 이유는 무엇인가?

콜버그는 이 질문에 어떤 대답을 하느냐에 따라서, 도덕성 판단의 수준을 크게 세 단계로 나누었다.

도덕성 수준의 첫 번째 단계는 도덕적 판단을 내리는 가장 초보적인 방법으로, 지금 당장 내게 주어진 결과의 좋고 나쁨에 따라 판단하는 것이다. 이 예시에서는, 하인즈가 벌을 받으면 잘못한 거고 상을 받으면 잘한 거라는 식이다. 잠깐의 이익을 위해 법을 어기는 것을 융통성 있는 똑똑함이라고 자랑하는 사람들의 수준이다. 법이나 도덕 같은 '상식적인 관습'을 받아들이기 이전이라는 뜻에서 '전인습 수준'이라고 부른다. 지금 당장 눈에 보이는 결과만 볼 수 있다는 점에서 이들의 세상은 비도덕적일 뿐만 아니라 편협하고 근시안적이기도 하다.

두 번째 수준에 도달한 사람들은 입장에 따라 바뀌지 않는, 절대적인 판단 기준에 의지하려 한다. 그 절대적인 기준은 보통 법이나 규칙 혹은 도덕이다. 이들은 적어도 내 행동의 결과가 지금 당장 눈에 보이는 것만은 아니라는 사실을 안다. 하지만 구체적으로 어떤 결과가 올지는 모른다. 왜냐하면 아직 세상이 돌아가는 원리를 온전히 이해하지 못했기 때문이다. 그래서 지금까지 자기가 배운 규범이나 도덕적 원칙에 의존한다. 법이나 도덕을 그대로 받아들인다는 뜻에서 이 상태를 '인습 수준'이라고 한다.

이 수준에서 하인즈를 옹호하는 입장은 약사가 너무 매정하다고 공격한다. 일단 죽어가는 사람을 외면했다는 것이다. 반면에 약사를 옹호하는 입장에서는 어쨌든 하인즈가 절도죄를 저질렀다는 점을 지적한다. 법을 어겼으니 당연히 처벌을 받아야 한다는 것이다.

하지만 이 수준의 판단 방식에도 문제는 있다. 우선 법이나 도덕이라는 것도 생각만큼 절대적이지 않기 때문이다. 법이 있음에도 재판이라는 과정이 필요한 이유는, 개별 사안마다 사정이 있기 때문에 각 경우에 어떤 법을 적용해야 하는지 사람의 힘으로 판단해야 하기 때문이다. 실제로 재판 과정이나 사회적 합의를 통해 어떤 법은 생기기도 하고, 고쳐지거나 사라지기도 한다. 그러니 한때는 유죄였던 판단이 상황이 바뀌면 무죄가 되는 경우도 있다.

도덕적 판단은 더욱 그렇다. 모든 악행에도 다 이유가 있고, 속사정을 이해하면 순수하게 악한 사람은 거의 없다. 물론 순수하게 도덕적으로 선한 사람도 마찬가지로 존재하지 않는다. 그런데 인습 단계에서는 이런 복잡한 세상을 이해하기 쉽지 않다. 이들이 법이나 규범에 집착하는 것은 그것 말고는 다른 판단 방법을 모르기 때문이다. 다행히도 세상을 살아가는 데 있어 그 이상의 지식이나 사고력을 필요로 하는 경우는 많지 않다. 그 덕분에 우리는 법과 규칙만 지켜도 별문제 없이 살 수 있다.

마지막 수준은 '후인습 수준'이다. 이 수준에 도달한 사람들은 상당히 넓고 깊은 수준에서 세상을 이해한다. 그들은 자기 행동이 어떤 결과를 가져올지 상당히 멀리까지 구체적으로 예상할 수 있다. 세상이 돌아가는 이치를 어느 정도 이해하기 때문이다.

그래서 이들은 법이나 규범을 넘어 세상을 좀 더 바람직한 방향, 자신이 원하는 가치에 부합하는 방향으로 변화시키기 위해서 행동한다. 그 변화는 아주 작을 수도 있다. 물론 이 단계에서도 하인즈가 무죄라고 판단할 수도 있고, 유죄라고 판단할 수도 있다.

무죄라고 주장하는 입장에서는, 하인즈가 약을 훔치려 한 것은 잘못이나 인명을 구하기 위한 일이었으므로 용서해야 한다고 판단할 수 있다. 즉, 생명 존중이라는 기본 원칙에 따라 판단한 것이다. 반면에 하인즈의 행동은 같은 질병으로 죽어가는 다른 사람이 정당한 방법으로 생명을 구할 기회를 빼앗았다고도 볼 수 있다. 즉, 생명을 존중해야 한다는 똑같은 원칙에서도 하인즈의 행동은 유죄로 판결될 수 있다.

어쨌든 이 단계에 도달한 사람들은 자신의 가치관과 도덕적 원리 원칙이 자신이 속한 집단의 원칙과 반드시 같을 필요는 없다고 깨닫는다. 그렇기에 스스로의 양심에 근거하여 판단하고 행동한다. 법이나 도덕을 잘 알지만, 그것이 전부가 아니라는 사실을 인식하고 상황이나 맥락에 따라서 적절한 판단 기준을 적용하게 된다. 진정 자유로우면서도 타인에게 피해를 주지 않는 경지라고 할 수 있다.

최선은 아니어도
최악의 선택을 피하게 해주는 규범들

콜버그가 말하는 도덕성이란, 결국 자기 행동의 결과를 얼마나 멀리까지 예측하느냐의 문제다. 도덕과 규범을 지키는 이유는 규범을 어길 줄 몰라서가 아니다. 그렇게 하면 장기적으로 나와 공동체에 좋지 않은 결과가 올 거라는 것을 알기 때문이다. 거짓말하지 않거나 약속을 지키는 이유도 마찬가지다. 계속 거짓말을 하거나 약속을 지키지 않으면 사람들이 나를 믿어주지 않을 것이고, 그러면 나는 사람들의 도움을 받지 못하게 된다. 내가 사는 공동체에 그런 사람들이 많아질수록 그곳은 위험해질 것이다. 우리가 배운 도덕 규범은 세상을 지탱하는 규칙을 구체적으로 정리한 것이다.

다시 맨 앞의 상황으로 돌아가 보자. 당신이 친구의 부탁을 들어준다면 친구는 덕분에 좋은 결과를 얻었다고 고마워할 것이다. 그러나 두 사람은 규정 위반이 적발됐을 때 처벌받을 위험을 감수해야

도덕과 규범을 지키는 이유는

규범을 어길 줄 몰라서가 아니다.

그렇게 하면 장기적으로 나와 공동체에

좋지 않은 결과가 올 거라는 것을 알기 때문이다.

거짓말하지 않거나 약속을 지키는 이유도 마찬가지다.

계속 거짓말을 하거나 약속을 지키지 않으면

사람들이 나를 믿어주지 않을 것이고,

그러면 나는 사람들의 도움을 받지 못하게 된다.

내가 사는 공동체에 그런 사람들이 많아질수록

그곳은 위험해질 것이다. 우리가 배운 도덕 규범은

세상을 지탱하는 규칙을 구체적으로 정리한 것이다.

한다. 이번에는 적발되지 않고 잘 넘어갔다고 치자. 그게 과연 좋은 일일까?

우선 당신의 입장에서, 친구의 부탁이 이번 한 번으로 끝난다는 보장이 없다. 어떻게 보면 이번 일로 친구는 당신의 약점을 하나 쥐게 된 셈이 된다. 최악의 경우, 다음번 친구의 부탁은 부탁이 아닌 협박처럼 느껴질 수도 있다. 회사의 입장에서는, 당신의 선택으로 회사에 유형무형의 손실이 생겼다. 모든 규정은 결국 회사의 이익을 위한 것이기 때문이다. 그렇게 생긴 손실은 어떤 형태로든 당신에게 나쁜 영향을 미치기 마련이다.

장기적으로 보면 친구에게도 이번 도움은 독이 될 수 있다. 그가 이번 일을 기회로 정당한 경쟁보다 인맥을 이용한 편법에 눈을 뜨게 된다면, 그는 굳이 실력을 키우려 노력할 필요를 느끼지 않을 것이다. 모든 것이 나쁜 쪽으로 흘러가다 보면 그의 경쟁력은 점점 약해지고 불법에 의존하는 사업자로 전락할 수도 있다.

물론 친구와 당신의 관계나 상황의 중요성 같은 조건에 따라 최선의 선택은 달라질 수도 있다. 그러나 모든 상황을 고려해서 합리적 결론을 내릴 능력이 없다면 규범을 따르는 것이 최선이다. 대부분의 경우 규범은, 최선은 아니어도 최악의 선택은 피하게 해주는 지침이기 때문이다.

당장의 이익이
늘 옳은 것은 아니다

도덕성은 단순히 착하고 나쁜 문제가 아닌, 합리적이고 이성적인 판단 능력, 즉 지능의 문제다. 수준 낮은 도덕성은 편협하고 근시안적이며 앞뒤가 맞지 않는다. 당장의 이익처럼 보이는 부도덕도 사실은 이익이 아니다. 부도덕적인 이익은 누군가의 손실을 대가로 요구하거나 심지어는 자기 자신에게도 해가 될 수 있기 때문이다.

도덕성의 수준이 높을수록 우리는 넓은 안목과 장기적 관점에서 유연한 판단을 할 수 있다. 요컨대 도덕적인 사람은 모든 규정을 다 잘 지키는 사람이 아니다. 필요나 상황에 따라 지켜야 하는 규정의 우선순위를 올바로 구별할 수 있는 사람이다. 그러니 도덕성을 무시하는 융통성을 부러워할 필요는 없다. 도덕성과 융통성이 별개의 문제라 보는 것 자체가 그 사람의 지적 수준을 드러내는 태도일 뿐이다.

타지펠의 내집단 편파

차별이라는 본성

사람들이 편 가르기를 하고, 남을 차별하는 이유는 무엇일까? 혹자는 경쟁심 때문이라 말한다. 제한된 자원을 두고 다투는 경우, 우리 편을 위하고 상대편을 배척하게 된다는 것이다. 인종차별이나 지역 차별이, 호황일 때보다 불황일 때 더 뚜렷하게 나타난다는 조사 결과가 이를 뒷받침한다.

누군가는 차이점 때문이라고 말한다. 실제로 우리 편과 상대편에는 넘을 수 없는 큰 차이가 있기 때문에 차별하지 않을 수 없다는 이야기다. 성차별이나 인종차별주의자들이 이런 이유를 든다.

친분을 이유로 들기도 한다. 아무래도 친한 사람을 더 먼저 챙겨주다 보면 친하지 않은 사람들이 밀려난다는 말이다. 학연이나 지연 같은 차별의 근거다. 차별 대상에 대한 부정적인 감정을 원인으로 말하기도 한다. 실제로 미운 짓을 해서 적대감이 생기고, 적대감의 결과 차별을 하게 된다는 의미다. 이는 식민지 시절에 대해 사과하지 않는 일본에 대한 차별을 설명할 수 있을 것이다.

그렇다면 만약 위와 같은 이유가 사라지면 우리는 차별을 하지 않을까? 상대방을 차별함으로써 얻는 이익도 없고, 특별히 상대방과 일면식도 없어서 친근감이나 적대감이 생길 여지도 없고, 여러 면에서 서로 구분이 되지 않을 만큼 비슷하다면 차별을 할 이유가 없지 않을까? 유감스럽게도 이 질문에 대한 대답은 '그렇지 않다'다. 우리는 아무 이유가 없어도 서로 차별을 한다.

차별은 학습된 것인가, 본성의 결과인가

이 비관적인 대답을 내놓은 이는 헨리 타지펠이다. 타지펠은 1919년, 폴란드에서 유대인 사업가의 아들로 태어났다. 그는 프랑스 소르본 대학에서 화학을 공부하다가 제2차 세계대전이 발발하면서 프랑스군으로 참전했고, 독일군에게 포로가 됐으나 다행히 독일군들이 그가 유대인임을 몰랐던 덕분에 죽지 않고 살아남을 수 있었다. 하지만 폴란드에 있던 그의 가족은 그만큼 운이 좋지 못했다. 전쟁 동안 모두 독일군에게 학살당한 것이다. 이 경험은 그에게 차별의 무서움을 뼈저리게 각인시켰다.

도대체 왜 독일인들은 유대인을 그렇게 차별했을까? 얼마나 차별했기에 아예 종족을 지워버리려고 시도했을까? 그는 이 의문을 해결하기 위해 심리학으로 전공을 바꾸어 박사 학위를 받고, 사회적 편견에 관한 연구를 해나갔다. 1970년, 그는 심리학사에 길이 남을 실험을 한다. 바로 내집단 편파 실험이다.

타지펠은 14~15세 남자아이 64명을 무작위로 두 집단으로 나눈 뒤, 자신이 속한 집단과 상대 집단의 구성원에게 실험 보상금 배분 방법을 결정하게 했다. 실험 결과, 비교적 공평한 배정 방법이 있음에도 거의 모든 아이가 최대한 자기 집단에 돈이 많이 배정되고, 상대 집단에는 적게 배정되도록 의도적으로 편파적인 배정을 했다. 아이들은 돈을 받을 상대가 누군지도 몰랐고, 앞으로 만날 일도 없었기에 결정을 통해 자신이 얻을 수 있는 이득은 정말 아무것도 없었다. 열네 살이면 공정성이 뭔지 모를 나이도 아니었다. 다시 말해, 아이들은 옳고 그름이나 개인적 친분 혹은 유불리와 상관없이 단지 우리 집단이냐 아니냐를 기준으로 차별한 것이다.

이 연구 결과는 인간에게 차별이 얼마나 근원적인 본성인지 보여 준다. 우리는 무리 사이에 단지 선만 그어도 그 순간부터 차별을 시작할 수 있는 존재인 셈이다.

차이가 아닌
차별을 위한 차별

차별하려는 본능은 왜 있는 걸까? 한때는 차별이 인류의 생존에 도움이 됐을 것이다. 제한된 자원을 두고 경쟁해야 하는 상황에서, 차별은 상대방을 아무 거리낌 없이 무자비하게 공격할 수 있는 동기를 제공하면서 승리에 기여했다. 상대방을 차별하면 반대로 우리끼리는 믿을 만한 사람들이라 여기게 되므로 서로 존중하고 신뢰하고 협력하기도 쉬워진다.

심리적인 이유도 있다. 우리 집단을 무조건 더 좋은 사람들이라 여기면 덩달아 나도 더 괜찮은 사람이 된다. 그래서 서로 비슷할수록 차별의 필요가 커진다. 요컨대 우리는 차이가 있어서 차별하는 것이 아니라 그저 차별해야 하기 때문에 차별한다.

청소년기는 아이들이 스스로 '남자' 혹은 '여자'라는 성별 정체성을 형성하는 시기다. 그래서 청소년기에는 그 누구보다도 성차별주의자가 된다. 마찬가지로 중학생은 초등학생을 어린애라고 차별하고, 고등학생은 중학생들과는 대화가 통하지 않는다며 차별한다.

우리 집단을 무조건 더 좋은 사람들이라 여기면
덩달아 나도 더 괜찮은 사람이 된다.
그래서 서로 비슷할수록 차별의 필요가 커진다.
요컨대 우리는 차이가 있어서 차별하는 것이 아니라
그저 차별해야 하기 때문에 차별한다.

어른이 돼서도 마찬가지다. 스포츠 팬덤을 생각해 보자. 단지 내가 응원하는 팀의 상대방 팀이거나 그 팀의 팬이라는 이유로 다른 사람들을 적시하고 모욕하고 심지어 폭행까지 할 수 있다. 정치적 편 가르기도 심해지면 실제 정책의 내용이 무엇인지는 따지지 않고 상대방을 폄하하고 의심한다. 취향이나 관심사를 공유하는 온라인 커뮤니티 구성원들은 다른 커뮤니티와 자기들이 전혀 다르다고 믿고 없는 차이도 만들어내려고 한다. 몇몇 사람의 특징, 혹은 어떤 커뮤니티 구성원들의 일부 언행을 가지고 그 집단 모두의 특성을 확정하는 행동 자체가 비합리적이다. 그럼에도 불구하고 우리는 그렇게 한다. 그러면 더 차별하기 쉽기 때문이다.

정당한 차별은 없다

차별이 나쁘다는 사실은 누구나 알고 있다. 그럼에도 지금 이 순간에도 누군가는 차별하고 있다. 나쁜 줄 몰라서가 아니다. 자신이 하는 차별은 학교에서 배운 그런 나쁜 차별이 아니라고 믿기 때문이다. 남이 하는 차별은 나쁘지만, 자기가 하는 차별은 정당한 이유가 있는 차별이라고 생각한다. 내 차별은 사회의 공정함을 지키기 위해, 범죄자로부터 사회를 보호하기 위해 혹은 세상에 내 분노를 알리기 위해 하는 차별이므로 정당하다고 여긴다.

그러나 모든 차별은 그저 차별일 뿐이다. 누군가 범죄를 저질렀으면 그를 처벌하면 된다. 불공정함은 법이나 제도를 고쳐서 해결할 수 있다. 차별은 아무것도 해결하지 못한다. 그저 당신을 편협한 인간으로 만들 뿐이다.

차별은 선의 혹은 윤리라는 이름으로 이루어지기도 한다. '선량한 차별주의자'라는 말처럼, 차별하는 사람들은 그것이 법을 따르고 공동체를 보호하며 사회의 윤리와 질서를 지키려는 올바른 행동이라고 믿는다. 한때는 인종차별이 사회의 규범이었고, 천민을 차별하는 것 역시 윤리적 행위였다. 그러나 차별을 정당화할 수 있는 이유는 없다. 무엇보다 차별을 정당화하다 보면 자신의 차별이 제3자의 눈에 얼마나 저열하고 야비해 보이는지 잊는다.

우리가 차별한다면 그건 그 집단의 탓이 아니다. 그저 당신이 어떤 이유로든 차별이라는 원시적 본능에 이끌렸을 뿐이다. 차별은 본능이지만 당당히 표현해도 되는 본능은 아니다. 우리는 어릴 적부터 인간으로서 타고난 온갖 본능들을 바람직한 방향으로 표현하는 법을 배웠다. 그게 어른이 되는 과정이고, 건강하고 제구실을 하는 사람이 돼가는 과정이다. 차별 본능은 문명사회 공동체를 유지하기 위해 부끄러운 줄 알고 제어해야 할 원시적 본능이다.

에크만의 기본 정서

슬픔, 분노, 외로움…
이런 감정, 안 느낄 순 없을까?

슬픔이나 분노 같은 감정은 왜 있는 걸까? 나는 슬프고 싶지도, 화를 내고 싶지도 않다. 특히 회사에서 화를 내면 사회생활이 힘들어진다. 그런데 울컥울컥 분노가 솟아오를 때가 있다. 참지 못하고 누군가에게 화를 내거나 욕을 할까 봐 두렵다. 이런 감정을 안 느낄 수는 없는 걸까?

정서 심리학의 대가 폴 에크만은, 모든 감정은 생존에 도움이 됐기에 지금까지 우리와 함께하는 것이라고 말했다. 에크만은 전 세계 다양한 지역과 문화권 사람들의 표정을 사진으로 찍었다. 심지어는 태어날 때부터 시력을 상실해서 다른 사람의 표정을 보고 학습할 기회가 없던 시각장애인들의 사진도 수집했다.

그리고 이 사진들을 분석한 후, 지역과 문화를 막론하고 어디에서나 발견되는 표정을 찾아냈다. 그 표정이야말로 문화적으로 만들어진 것이 아니라, 인간이라면 누구나 가지고 태어나는 천성적인 감정을 담았을 테니 말이다. 그렇게 찾아낸 6대 기본 정서가 바로 기쁨, 슬픔, 분노, 공포, 혐오 그리고 놀람이다.

생존에 필수적이었던
여섯 감정

왜 인류는 여섯 가지 감정을 가지고 태어났을까? 그 감정들이 생존에 필수적이었기 때문이다. 이 감정을 느낄 수 있었던 사람들만이 살아남아 후손을 남겼기에 기본 정서가 된 것이다. 그렇다면 우리의 삶과 여섯 가지 감정은 구체적으로 어떤 연관이 있는 걸까?

기쁨

기쁨은 삶을 계속하게 만들어주는 감정이다. 즐거움, 황홀감, 쾌감, 평온한 만족감, 해방감, 경이감, 흥분감, 으스대고 싶은 기분 등은 모두 기쁨이다. 기쁨을 느낀다는 것은 좋은 일이 생겼음을 의미한다.

이 감정은 삶의 에너지원이므로 살아가려면 반드시 필요하다. 만약 일상에 기쁨이 없다면 당신 자신이나 주변 환경(그것이 직장이든 가족이든 혹은 친구들이든)에 문제가 있다는 뜻이다.

슬픔

슬픔은 상실의 신호다. 절망감, 애통함, 실망감, 의기소침함, 체념 모두 슬픔의 다른 모습들이다. 관계가 끝났을 때, 사랑하는 이를 잃었을 때, 오래 다닌 직장이나 살던 집을 떠나야 할 때, 실망스러운 결과를 접할 때 우리는 슬픔을 느낀다. 따라서 슬픔을 느낀다는 것은 소중한 무엇인가를 잃었다는 뜻이다.

또 슬픔은 공감대를 형성하고 끈끈한 동지애를 만드는 접착제이기도 하다. 슬프고 힘들 때 누군가 그 슬픔을 같이 느껴주고 곁에 있어 준다면, 그는 어떤 경우에도 나와 함께해줄 진짜 친구라는 뜻이다. 즉, 슬픔은 소중한 존재를 알려주는 감지기다. 언제 슬픔을 느끼는지, 그 슬픔에 함께하는 이가 누구인지 보면 당신에게 소중한 것과 소중한 사람이 누구인지 알 수 있다.

공포

공포는 위험의 감지 신호다. 으스스함, 긴장감, 불안감, 무서움, 두려움, 경악 모두 공포의 다른 모습이다. 우리는 공포를 느낄 때, 그 장소나 대상을 피함으로써 살아남은 선조들의 자손이다. 즉, 공포감은 겁쟁이의 특성이 아니라 생존 본능 중의 하나다.

그러나 공포감을 무시해야 할 때도 있다. 예를 들어, 청소년기에는 일시적으로 공포감을 잘 느끼지 못하는 상태가 된다. 그래서 겁 없이 온갖 모험에 뛰어든다. 그러다가 고생하고 다치기도 하지만, 그 결과 배짱과 자신감을 얻는다. 남들이 가지 않는 길을 선택하기 위해서도 공포감을 무시해야 한다. 그들 중 대부분은 고난을 겪고 실패하지만, 일부는 큰 성공을 거둔다.

혐오

혐오는 독성에 대한 반응이다. 예를 들어, 어떤 음식을 먹고 배탈이 난 뒤에는 그 음식을 보는 순간 혐오감을 느끼고 기피한다. 죽음이나 질병에 대한 혐오감은 감염의 가능성을 줄여준다.

또 나쁜 행동을 하는 사람을 보면 우리는 혐오감을 느끼고 그 사람을 피함으로써 그 행동의 피해자나 동조자가 될 가능성을 줄인다.

단, 누군가가 혐오스럽다고 해서 그 사람을 미워하거나 공격할 이유나 권리가 주어지는 것은 아니다. 어떤 사람의 행동이 아닌 외모 때문에 혐오감이 생길 수 있지만, 혐오를 이유로 공격하거나 배척하면 그 순간부터 당신 자신이 혐오스러운 존재가 된다.

혐오라는 감정 자체가 오류인 경우도 있다. 예를 들어, 브로콜리는 징그럽고 혐오스럽게 생겼다. 맛도 조금 이상하다. 하지만 몸에는 좋다. 브로콜리에 대한 혐오는 외형이 가진 특징 때문에 본질을 잘못 판단한 감정적 오류다.

놀람

놀람은 호기심으로 이어진다. 만약 무언가에 놀랐다면, 이전엔 본 적 없는 상황을 만났다는 뜻이다. 즉, 놀람은 미지의 존재나 상황 앞에서 느끼는 감정이다. 우리는 미지의 존재를 만나면 먼저 놀라고, 호기심이 생겨 그 존재를 자세히 관찰하고 이치를 깨달으며 배운다. 그렇게 세상을 알아가면서 인류는 진보해왔다.

최근에 언제 놀랐는지 돌이켜보라. 그중 당신이 새로이 배울 무엇인가가 있다. 기분 좋은 놀람을 주는 무엇인가를 발견하고, 그것을 알아가는 것이야말로 뻔하고 변화가 없는 무료한 삶에서 벗어나는 유일한 길이다.

분노

분노는 나를 보호하는 수단이다. 우리는 좌절할 때 분노한다. 좌절이란 결국 원하는 것을 얻지 못하는 상황, 혹은 내 것을 빼앗기는 상황이다. 즉, 누군가 나를 좌절시키면 화가 나고, 분노를 에너지원으로 사용해서 좌절의 원인을 공격하게 된다.

분노를 자꾸 표출하는 것은 좋지 않지만, 그렇다고 무조건 참아야 하는 감정도 아니다. 좌절하게 만드는 부당한 대우로부터 나를 지켜주는 감정이기 때문이다. 하지만 문명화된 세상에서 분노를 있는 그대로 표현하면 나쁜 결과가 생긴다.

그러면 분노를 어떻게 사용해야 할까? 분노하게 만든 원인을 찾아내 해결하는 데 집중하거나, 그게 어려우면 나를 개발하는 동기로 사용하는 것이다. 내가 더 유능했다면 이런 일이 생기지 않았을 테니까. 이를 위해서는 우선 분노에서 벗어나 냉정하고 침착해져야 한다.

감정은 당신이 놓친
무언가를 말해준다

우리는 보통 긍정적인 감정은 인정하지만, 부정적인 감정은 잊으려 한다. 에크만을 비롯한 많은 정서 심리학자에 따르면, 감정이란 단순히 비합리적인 느낌이 아닌 뇌가 내린 합리적인 판단의 총합이다. 그러니까 감정을 무시하거나 없어지기를 소망할 필요는 없다. 불가능할 뿐만 아니라 바람직하지도 않다. 오히려 이때 필요한 것은 감정이 전하는 메시지에 귀를 기울이는 것이다.

예를 들어, 우울하다면 이 감정을 세심하게 살펴보는 게 좋다. 왜 우울한지, 언제 우울한 기분이 조금 나아지는지 혹은 어떤 경우에 우울감이 심해지는지 돌아보라. 만약 누군가를 만났을 때 우울감이 줄어든다면 그는 당신을 기쁘게 하는 사람이다. 반대로 누군가와 만난 뒤에 더 기분이 나빠졌다면 그를 가능한 한 피하는 게 좋다.

또 평소 대인관계에 있어 별로 불안을 느껴본 적이 없는데, 사귀고 있는 이성이 이상하게 두렵다면 그(그녀)의 가족과 환경에 대해 좀 더 알아볼 필요가 있다. 이는 당신 뇌의 언어 영역에서 미처 깨닫지 못했을 뿐, 실제로 위험한 상황일 수도 있으니 말이다. 감정은 어쩌면 당신이 놓친 무언가를 찾을 수 있게 해줄지 모른다.

복잡한 내 마음을 이해하기 위해 알아야 할 마음의 법칙
위로하는 심리학

초판 1쇄 인쇄 2025년 6월 23일
초판 1쇄 발행 2025년 7월 9일

지은이 장근영
펴낸이 이경희

펴낸곳 빅피시
출판등록 2021년 4월 6일 제2021-000115호
주소 서울시 마포구 월드컵북로 402, KGIT 19층 1906호

ⓒ 장근영, 2025
ISBN 979-11-94033-85-1 03180

- 인쇄·제작 및 유통상의 파본 도서는 구입하신 서점에서 바꿔드립니다.
- 이 책의 전부 또는 일부 내용을 재사용하려면 반드시 사전에 저작권자와 빅피시의 서면 동의를 받아야 합니다.
- 빅피시는 여러분의 소중한 원고를 기다립니다. bigfish@thebigfish.kr